自分の中の宇宙を呼び醒ます方法

Lily Wisteria

SOGO HOREI PUBLISHING CO., LTD

プロローグ

はじめまして。Lily Wisteria（リリー・ウィステリア）です。

たくさんの本の中から、本書を手に取ってくださってありがとうございます。

一人でも多くの方に、自分の中の宇宙とつながって無限の可能性を開花させ、人生を思う存分楽しんでほしいと願い、愛を込めて書いています。


あなたは今、自分の能力をどれくらい発揮できていますか？

あなたの中に眠っている能力を呼び醒まし、もっとのびのびと自分を表現してみたいとは思いませんか？


本書では、あなたの中に眠る潜在能力を呼び起こし、自分の中の宇宙とつながって地球に愛を循環していくための実践方法をお伝えします。

私が自分の中の宇宙を呼び醒ます方法をテーマに本を書こうと思ったのには理由が

あります。それは、私自身もひらめきや直感が信じられず、自分の可能性を感じられず、必死になって自分探しをしてきたからです。その中で、自分の能力を高めて、人生を輝かせていくために、試行錯誤しながら、研究を進めてきました。

私はこれまで宇宙とつながることについて何冊かの本を書いてきていますので、もともと宇宙とつながっていてどんどんアイデアがひらめき、直感のままに自由に生きてきたのだろうと思われがちなのですが、実際は、そうではありませんでした。まわりの目が気になったり、常識にとらわれてしまったり、固定観念にしばられていた時期があったのです。

そのエピソードを少しお話ししたいと思います。

私は、絵を描いたり、物語を書いたりするのが大好きな子ども時代を過ごしました。ずっと絵を描くことが大好きでしたが、大学は違う道へ進学。大学を卒業し、採用試験に合格して晴れて関東の公立の小学校教員になりました。

教員になって半年が過ぎた頃、街を歩いていたら、ふとある美術学院の看板が目に飛び込んできたのです。そして、自分が子どもの頃から絵を描くのが大好きだったことを思い出し、ドキドキしながらその建物に入りました。その瞬間、「私の居場所はここ（絵）だ！」と雷に打たれたような衝撃を感じたのです。そして私は、あっさりと教員を辞めてしまいました。

この美術学院にご縁を感じて入学し、毎日、朝から晩まで絵を描く生活をスタートさせたのです。ワクワクの道を歩みはじめたはずでしたが、すぐに私は行き詰ってしまいました。

私は何を描きたいのだろう？
どんな絵を描けば評価されるのだろう？
自分をどう表現すればいいんだろう？

子どもの頃は自由に描けていたはずの絵が、23歳の私は、まるで脳がカチカチに凍りついてしまったかのように、何もアイデアが浮かばず、ずいぶん苦しみました。モチーフを見たまま描くデッサンは描けても、自由な課題が与えられた途端、逃げ出したくなる気持ちでいっぱいでした。
その頃の私はいつもこんな口癖を言っていました。「見えないものは、描けない」すると先生に、「現実的なんだね」「右脳が弱いんだね」と言われてしまう始末。

そんなふうに自由な発想や自己表現に苦しんでいた頃、突然のアクシデントが私の身に振りかかったのでした！　それは、「見えないものを見させられる」という、世にも恐ろしい心霊現象でした。
その体験は、宇宙とつながるために与えられた、宇宙からのギフトだったのだと今となっては理解できますが、当時はただただ恐ろしい体験でした。それがきっかけで、私はこの世界には見えないものが存在しているという現実を突きつけられたのでした。

心霊現象を体験した頃、私は結婚していたのですが離婚をし、職もなく、田舎に戻ることになりました。そこから、人生を立て直すために、自分はどんな生き方がしたいのかをもう一度見つめ直しました。この頃から、本をたくさん読むようになり、精神世界や自分の能力開発を研究し始めるようになったのです。月に１００冊以上の本を読んでいた時期もあります。たくさんの情報をインプットし、学んだことを日常で実践しました。

そして、私は教員の職に戻り、障がいのある子ども達と接しながら、プライベートな時間で自分の能力開発を研究し続けました。そんな毎日を過ごす中で、突然、宇宙から「宇宙の映像」を見させられるという体験をしたのでした。

それは、**宇宙が私たち一人ひとりに青い光のエネルギーを降ろしていて、1ミリのくるいもなく愛を持って私たち人間を采配しているという映像**だったのです。（詳しくは、自著『読むだけで 宇宙とつながる自分とつながる』（BABジャパン）をご覧ください）

その宇宙の映像を元に、この宇宙がどのようなしくみで動いているのか、地球ではどんなふうに生きていけば、より自分らしく楽しく幸せに生きていけるのかを知ったのでした。そして、自分を見つめ、自分の能力開発を研究する中で、宇宙とつながることができ、宇宙と対話できるようになっていきました。それは、決して特別な人に与えられる体験ではなく、すべての人が体験できる可能性を持っています。

宇宙のしくみはすべての人の魂が知っています。でも忘れてしまっているだけなのです。それを思い出し、自分とつながることを練習していくと、誰でも宇宙とつながって自分の能力を開花させることができるようになります。

私は今、日常に溢れるたくさんの情報の中から自分に必要な情報をキャッチしたり、宇宙と対話をしながら、宇宙からアイデアを降ろしたりすることができます。

それは、ほんの少しのコツと、毎日の小さな練習によって、誰でもできるようになります。このコツを知っているだけで、あなたの毎日が、今よりももっと生きやすく、楽しく、快適なものへと変化していくでしょう！

仕事はストレスフリーになり、毎日の生活がとても楽しくなります。直感やひらめき、アイデアもたくさんやってくるようになります。自分の思いを表現することも今よりもっと楽しめるようになるでしょう！

もし、一人ひとりが自分に集中し、宇宙から与えられた才能を発揮していったら、もっと平和で素晴らしい世の中になっていくと私は確信しています。

私が本書でお伝えすることを実践してこんなふうによい変化が起きた人がいます。

●「勉強できていないので明日の試験は絶対に落ちます」と言っていたが、インプットのコツを学び、半日勉強しただけで、翌日の試験に合格した人。
●仕事と4人の子育てで忙しい日々を過ごしながらも、宇宙からアイデアを降ろし、念願の出版が決まった人。
●宇宙と対話して、宇宙からアドバイスがもらえるようになり、作詞作曲をしてオリジナルソングを作り、歌手の夢を歩み出した人。

さあ、あなたも自分の中にある宇宙とつながり、この地球で思いっきり自分の可能性を開花させていきましょう！　宇宙からの愛とともに！

第2章 自分の中の宇宙を呼び醒ますための日常実践ワーク

第3章 ひらめきと宇宙の関係

第4章 宇宙からアイデアを降ろす方法

第5章 アイデアを宇宙視点でまとめよう

第6章 宇宙と対話する方法

第7章 宇宙のパイプとなって愛を循環させよう

第１章
自分の中の宇宙とつながる

1 自分が宇宙

★自分の中に無限の宇宙が存在している！

あなたの中には、宇宙があります。あなたの中の宇宙とつながると、人生はもっと軽やかに展開していき、悩む時間も少なくなるでしょう。

私が、自分の中に無限の宇宙が存在しているのだと感じたのは、今から8年くらい前のことです。それまでは、自分の中に宇宙があると思ってもいなかったですし、自分の中に無限の可能性が眠っているなんてことは、考えたこともありませんでした。

ただ、自分の能力をどうしたら発揮できるのだろうか？　ということにはすごく興味があったのです。

私は、「世の中で言う天才や偉人たちは、どうやってアイデアや発明を生み出したり、素晴らしい作品を世に残したりしているのだろう？」ということに興味を持ち、関連する本をたくさん読み込んでいた時期がありました。

彼らは、私たちとは違う方法で、いわゆる一生懸命頭で物事を考え、無理矢理アイデアを絞り出しているのではなく、ふとしたときに湧き起こるひらめきによって、アイデアを降ろしているのだということに気づいたのです。

私も、いつかそんなふうにアイデアを降ろしてみたいと思って、潜在意識の使い方を研究したり、イマジネーションの世界を広げるためのワークを実践したりしていました。

そんなある日、突然、自分の内側にうわっと無限に広がる宇宙のようなものを体験したのでした。それは、自分の想像の世界で、イメージをさらに大きく広げて展開させている途中に、どこまでも果てしなく広がる宇宙空間が見え、自分の内側に大きくて無限な宇宙というものを感じたのでした。

その瞬間、ああ、**本当に自分の内側には宇宙があり、この世界はどこまでも広がっ**

ていくのだ！　この内なる無限の宇宙とつながると、私はたくさんのアイデアが生み出せるようになるに違いない！　私は人間に生まれてきて、なんて幸せなんだ!!　と深く感動したのを覚えています。

その体験がきっかけで、私たち人間の内側には、宇宙が存在しているのだということを知りました。

それは、何も特別な人に与えられた特権ではなく、すべての人が持っているものので、この無限なる宇宙とつながるかどうか、そこがキーだと感じたのです。つまり、能力の差ではなく、持っているものを眠らせたままにするのか、フル活用

するのか、という違いだけなのです。

あなたも本書を読み進めて、ぜひ様々なワークを実践しながら、あなたの中に眠る無限なる宇宙にアクセスしていきましょう！

★無限の可能性はいくつになっても呼び醒ませる

あなたの内側には、無限の可能性が眠っています。それは、宇宙空間がどこまでも続いていくように。

その無限の可能性を、あなたがどう引き出すのかがポイントです。

人間の潜在能力は、幼少期から使っていないとなかなか開花しないと言われることがあります。ですが、私は大人になってからその潜在能力を引き出す研究を始めていますが、自分自身がどんどん変化していくのを実際に体感しました。

読書のスピードが速くなっただけでなく、インプットとアウトプットの能力も高まりました。内容の理解力、記憶力も上がり、記憶したことを瞬時に引き出せるようになっていったのでした。

自分でアイデアを降ろせるようになっていったので、仕事のアイデアを出したり、文書をまとめたりするのも効率が上がり、思い悩んで苦しい日々を過ごすことがなくなりました。スピーディーに仕事がこなせるようになった結果、プライベートの時間も十分確保できるようになりました。その時間にいろんな学びを深めたり、研究を進めたりした結果、気づいたら、地方の教員から、作家への道が切り開かれていったのでした。

あなたの無限の可能性を引き出すコツは、意外とシンプルで、誰でも練習を積めば実践できるものです。

私も、以前は、もう大人になった自分には、可能性は開かれないのではないかとあきらめていた時期がありましたが、実際に自分があらゆるコツを日常に取り入れた結果、毎日を楽しく過ごしながら、アイデアを降ろしたり、仕事の効率をアップさせたり、文章を書いたりできるようになっていきました。

それは、ほんの少しの小さなコツで、誰でもできるものです。

私が実際に実践し研究してきたそのコツを、本書で惜しみなくお伝えします。しかも、すぐに実践できるように、日常においての細かなステップも詳細にお伝えしますので、楽しみに読み進めてくださいね。

実際の方法は、第2章以降でお話ししますが、まずは、第1章で自分の中の宇宙とつながるためのしくみを解説していきたいと思います。どのようなしくみで、自分の中の能力を引き出していくのかを、理論的にも理解していきましょう！

2 意識と無意識

★たった3％で記憶するより、97％をフル活用しよう

あなたの中の宇宙とつながるためには、「意識」を使いこなすことが大切です。そこで、まず、意識と無意識について、わかりやすく説明していきましょう。

もうすでに知っている内容もあるかもしれませんが、新たな気持ちで、ご自分の体験と照らし合わせながら、自分の中の「意識」をどこまでしっかりと感じられているかに注目して、読み進めていってくださいね。

あなたは、顕在意識と潜在意識という言葉を聞いたことがありますか？

顕在意識とは、「意識」です。潜在意識は「無意識」です。私たちが一生懸命に頭

で考えているのが、顕在意識と捉えてよいでしょう。逆に、あなたがつい無意識で自然と行動していること、これが潜在意識です。

多くの人は、顕在意識、つまり頭を使って一生懸命物事を考えたり、記憶したりしようとしているのですが、それはちょっと不利な方法なのです。**いわゆる天才と言われる偉人たちは、潜在意識をフル活用して、アイデアを出していたのです。**

では、なぜ、潜在意識を活用した方がいいかというと、それぞれのキャパシティが大きく違うからです。

まず、私たちの意識全体の中で、顕在意識は約3％と言われています。そして、潜在意識は、残りの97％と言われています。そもそも容量がまったく違うのです。

私たちはそんなことも知らず、3％の顕在意識を駆使して一生懸命頑張るけれども、なかなかよいアイデアが思いつかないし、たくさんのことを記憶できないのです。

私は97％の潜在意識を使いこなすようになってから、記憶力が格段に上がりました。

先日も、税理士さんと領収書の整理をしているときに、たくさんの領収書を前に、私が瞬時に、いつ、どこで何をしたときの領収書かを即答する姿を見て、税理士さんは「領収書のことを聞いても、皆さんなかなか答えられないのですが……。こんなにもすぐに即答された方は初めてです！」と大変驚かれていたのです。

他にも、よく驚かれるのが、講演会やセミナーです。受講生さんから当日に質問を回収し、瞬時に答えていくという、質問コーナーを設けています。そこでもまた、受講生さんをはじめ、出版社の編集者さんにも大変驚かれるのです。

質問を読み上げたと同時に、すぐに答えを話し出す私の姿を見て、皆さんびっくりされるのですが、これも、やはりたった3％の顕在意識を駆使しても、できない技なのです。このときも97％の潜在意識をフル稼働させているのです。

まず、ここでは、意識の中には「意識」と「無意識」という領域があり、さらにそれぞれを「顕在意識」と「潜在意識」と呼ぶということを覚えておいてください。

皆さんが、一生懸命頭で考えているのは、顕在意識という意識の中のたった3％の部分で、潜在意識という97％の部分を使いこなすようになると、瞬時に記憶を引っ張り出せたり、質問に答えたりできるということなのです。つまり、**宇宙とつながってアイデアを降ろすというのは潜在意識を活用しているのです。**これは決して持って生まれた能力の差ではなく、意識のどの部分を使っているかの差なのだということを理解しておきましょう。

★無意識はつながっている

あなたの意識は、あなたの肉体の中に入っているとは限りません。ときに意識は肉体から離れてしまうこともあります。

あなたはこんなことを言われたことがありませんか？

「意識がどこかに飛んでるよ」

「魂が抜けてるよ」

そして、ふと我に返ったという経験はありませんか？

これがまさに、意識が自分の肉体の中にいない状態です。別の空想の世界に行っていたり、過去や未来のことを思い描いたりして、今にいない状態です。

つまり、意識を意識しないと、ふわふわと今ここではないどこかに飛んでしまうこともあるのです。意識は肉体を超えて存在できるものだと捉えてもよいかもしれません。

そして、無意識は個人を超えて他の人たちや動物、植物、地球ともつながっています。すべてのエネルギーはつながっているのと同様に、意識の世界もつながっているのです。

例えば、戦争のあった土地や、人が悲しんでいる場所に行くと気持ちが落ち込んでしまうことがあります。逆に、いつも笑顔で人が集まり、笑い声の絶えない活気のある場所に行くと、元気をもらったり、前向きな気持ちになったりします。

私たちは無意識レベルでつながっていて、何らかの影響を受けているのです。

私も、自分の中の潜在意識の研究を進めていく中で、気づかぬうちに無意識の世界にアクセスできるようになっていきました。私は教員時代に潜在意識の研究を始めましたが、その頃から、子ども達の心の声が聞こえるようになり、彼らが今何を考え、なぜ怒っているのか、なぜ泣いているのかが、手に取るようにわかるようになっていきました。

つまり、無意識の世界はつながっていて、子ども達に集中しているときは、彼らの無意識の声にもつながれるようになっていったのでした。

私は特別支援学校に勤めていて、知的障がいや自閉症、ＡＤＨＤの子ども達と一緒に過ごしていました。言葉で思いを伝えられない子もいましたが、その子が今何を思っているのかが、手に取るように感じられたのでした。

今現在、リーディングセッションも行っていますが、それもこの無意識の世界がつながっているから情報が読み取れるのです。

3　潜在意識と顕在意識の特徴

★潜在意識の特徴

潜在意識、顕在意識の説明を先述しましたが、では、実際に自分の内側を見て、どれが潜在意識で、どれが顕在意識なのかを観察したことはあるでしょうか？

知識で知っているだけでは活用できませんから、ここでしっかりとあなたの内側を見つめ、自分の中の顕在意識と潜在意識をよく観察してみましょう。

まず、ここでは潜在意識の特徴をお話ししますね。

潜在意識には、主に以下の３つの特徴があります。

①情報を無限にストックできる
②ハイスピードで繰り返しインプットするとよい
③リラックスと休養が好き

それでは、1つずつ説明していきましょう。

①情報を無限にストックできる

潜在意識は、たくさんの情報をストックすることができます。**あなたの潜在意識は、あなたが生まれてから、今日に至るまでのあらゆる情報をストックしています。**あなたの記憶に残っていないことまで、情報として貯蔵されているのです。

さらに、生まれる前の胎児の頃の記憶や前世の記憶までもストックされています。

記憶には残っていない、つまり、顕在意識では覚えていないかもしれないことも、あなたの97％の潜在意識の部分にはしっかりと記録が残っています。

ときに、忘れていた記憶がフラッシュバックして蘇ることがあるのは、潜在意識から引き出された記憶なのです。

② ハイスピードで繰り返しインプットするとよい

ハイスピードで繰り返し情報をインプットすることによって、潜在意識の奥深くにまで入っていきます。ゆっくりと理解しながら一度で覚えようとする人も多いのですが、それでは潜在意識は働きにくくなります。**潜在意識は、超高速が好きでそのほうが活発に働き、たくさんの情報を記憶しやすくなるのです。**

速読や速聴の概念はここから来ています。実際に、私も速読や速聴を取り入れてきましたが、ゆっくり読んだり聴いたりするよりも、ハイスピードのほうが自分の奥深くに刻まれるような体感があります。

どれくらいのスピードがいいかというと、速読ではあまり肉眼で文字が読めないいくらいのスピードで、ペラペラペラ……と高速にページをめくるのです。この段階では、顕在意識は理解できないので、頭で内容を理解できたという感覚にはなりませんが、なんとなく情報を体内に取り入れたという感覚を受けることがあります。

速聴は、慣れてくると3倍速くらいは聞き取れるようになりますよ。

③ リラックスと休養が好き

潜在意識は、リラックスすればするほどよく働きます。 多くの人が、一生懸命頑張ろうと体にグッと力を入れるのは、実は潜在意識を働かせるには逆効果なのです。眠るか眠らないかすれすれくらいの状態が潜在意識は最も活発に働きます。それくらい、肉体の力を緩めるといいのです。リラックスしているときにひらめきが起きやすいのも、潜在意識が活発になっているからなのです。

そして、**潜在意識は休養が好きです。睡眠も好きですが、別のことをして、脳を休養させることも潜在意識を活発化するためには大切です。**

潜在意識がリラックスと休養が好きだというしくみを知っていると、日常の中にもリラックスと休養を効果的に取り入れることができるようになるので、生活自体が疲れにくくなっていきます。実際に、私もこのリラックスと休養をかなりの場面で活用しているので、たくさんの仕事が同時にこなせ、国内や海外の移動が多くてもエネルギー効率がよいのです。

潜在意識の3つの特徴を理解しておきましょう。

この特徴をうまく使って、日常の生活で潜在意識を活用していくポイントを後ほどお伝えしますね。

★顕在意識の特徴

顕在意識の特徴も知っておくとよいでしょう。「潜在意識を活用しよう」と言われることが多いのですが、実際には顕在意識もとても大切な役割を果たしています。顕在意識、潜在意識の両方を活用することによって、たくさんのひらめきをキャッチできるようになりますので、顕在意識の特徴もここでつかんでおきましょう！

顕在意識は、ほんの少ししか情報をストックすることができません。でも、計画を立てたり、論理的に組み立てたりすることが得意です。スピードはゆっくりです。あ

なたが一生懸命考えたり、頭で理解しようとしたりしているときに顕在意識を使っているととらえるとわかりやすいでしょう。

頭を悩ませているときの思考のスピードは、あまり速くありません。「う〜〜ん。どっちにしたらいいのかなぁ。迷うなぁ」と頭で考え込むときは、ハイスピードというよりも頭の中にダラダラと浮かんでくるイメージですね。**じっくり頭で考え、頭で理解するというのも、顕在意識が働いています。**

でも、**あなたの中で突然ひらめく感覚は、潜在意識。このひらめきは瞬時に、ハイスピードにやってきますね。**

「腑に落ちる」という感覚も、潜在意識に深く入っていった感覚と言えるでしょう。

どちらの特徴も知っておくことで、それぞれのよさを活かすことができます。

4 顕在意識を効果的に活用しよう

★顕在意識を使って、潜在意識から情報を得よう

潜在意識はたくさんの情報がストックできて、ひらめいたり、アイデアが降ってきたりするものなので、潜在意識が大事だと思っている人は多いことでしょう。「潜在意識を活用しよう」という言葉はよく目にするのですが、私としては、顕在意識の活用もとても重要だと感じています。潜在意識の特徴を理解した上で、日常生活で活用していくためには、顕在意識の出番です。

顕在意識を使って、無意識である潜在意識をうまく操縦していくことが大切なのです。

例えば、潜在意識はリラックスが好きだということを理解したら、日常の中で、どんなふうにリラックスを取り入れようかと考えたり、情報を一旦ハイスピードに取り入れた後に、休養を取って脳を休ませたり……。うまく潜在意識の特徴を活かして、実生活でどんなふうに活用していくのかを組み立てていくのは、顕在意識の役目なのです。

顕在意識はたった3％しかありませんが、あなたの残り97％の潜在意識をどう使いこなすかは、この3％にかかっているのです。そして、今まで、直感とか潜在意識って曖昧だな〜と感じていた人にも朗報です。「顕在意識を使っていいんだ！」と思うと、曖昧であやふやなことではなく、しっかりとあなたの意志で操縦できそうではありませんか？

潜在意識がのびのびと力を発揮できるように、顕在意識を使って新たな習慣を取り入れていきましょう。

このことに関しては、第2章で詳しくお話ししますね。

★ひらめきをキャッチするのも、顕在意識の役目

あなたの中にすべての答えがあります。
あなたの潜在意識の中には、驚くほどたくさんの情報が入っていて、さらには無意識はつながっていて、多くの人の知識も共有しているのです。ここで、肝心なのは、その情報を眠らせておくのか、はたまた潜在意識から引っ張り出してきて活用していくのかです。潜在意識の中の情報をしっかりと活用していくためには、**意識化**が必要です。これが、顕在意識の役割なのです。**あなたの中に浮かんできたアイデアや突然のひらめきを、しっかりとキャッチするのは、顕在意識の役割なのです。**

多くの人は、もうすでにたくさんのひらめきをあらゆる日常の場面で感じています。ですが、ひらめいていることに気づいていない人が多いのです。

例えば、お風呂に入っているときに、突然、仕事のアイデアが降ってきたり、散歩中に「あ、あの人に連絡してみよう！」と思いついたり……。そのひらめきをキャッ

チして行動するのか、偶然や気のせいで終わらせてしまうのかはあなた次第なのです。その見過ごしているひらめきこそが宇宙からのメッセージそのものなのです。

そして、アイデアも、自分が必死になって考えるのか、宇宙からメッセージとしてアイデアを降ろしてくるのか、という違いがあります。

「アイデアを考える」というときは、あなたの思考が一生懸命考えている状態です。でも、**「アイデアが降ってくる」というのは、あなたの思考を超えたところから、つまり宇宙からアイデアが降って**

きている状態です。

そこにしっかりと意識を向けていき、気づかなかったことに気づいていくことが大切です。

直感やひらめきを、偶然で片付けたりせず、しっかりとキャッチして、自分はどのような形や状態でそれらが起きるのか、ということも自覚する必要があります。

「直感という曖昧なものは信用できない」「この感覚が本当に当たっているのかわからない」と思っている人こそ、ひらめきを受け取った後に「行動する」ことが大切です。ひらめきをキャッチして行動し、そして検証する。この「キャッチ」と、「検証」がまさに、顕在意識の仕事なのです。

これからお伝えすることは、決して目に見えないあやふやな世界ではなく、それをしっかりと自覚して活用していける実践的なお話です。

あやふやな世界をしっかりと実践に落とし込んでいくのは、3%の顕在意識の役割で、誰もが認識できることなので、安心して読み進めていきましょう！

5 リラックスすると情報をたくさん処理できる

★肉体をリラックスさせると宇宙とのつながりがよくなる

潜在意識をより活発にさせるためには、リラックスすることが大切です。でも、私たちはつい、「頑張ろう！」と肩に力を入れ、心も力んでしまいがちです。

この状態は、水の流れるホースをイメージするとよいでしょう。ホースをぎゅっと抑えることによって、水の流れは減ってしまいます。このような状態が、あなた自身にも起きてしまうのです。

宇宙は、あなたにエネルギーを送っています。そのエネルギーはあなたの頭頂から入り、あなたの体に流れ込んでいきます。

あなたが頑張ろうと力めば力むほど、宇宙からのエネルギーの通りが悪くなってしまいます。

今、ぎゅっと全身に力を入れてみましょう。

あなたの体は硬直し、心も収縮してしまうような感覚がしませんか？

力を入れることによって、肉体を意識しやすくなると同時に、「個」を認識しやすくなるのです。「個」という感覚が強まったとき、無意識レベルでのつながりにアクセスしにくくなります。

つまり、自分を超えた感覚とつながりにくくなるのです。

それでは逆に、今、あなたの体の力を抜いて、できる限りリラックスさせてみましょう。

力を抜くと、まるであなたの肉体の輪郭が緩んで空気に少し溶け込んでいくような感覚がしませんか？

ゆるゆるとリラックスできているあなたの体は、抑えられていないホースのように、宇宙からのエネルギーがどんどん流れ込むようになります。

あなたはこれから、何かを頑張ろうとするとき、まずは肉体の力みを解くことから始めましょう。肩をぎゅっと上にあげてストンと下ろしたり、奥歯の力を抜いたりするとよいでしょう。

力を抜くのがわかりにくい人は、一旦体に力を入れてから、ストンと力を抜くようにするとリラックスを体感しやすくなるでしょう。

★あなたにとってのリラックスタイムは？

リラックスをすると、宇宙からのエネルギーが通りやすくなるだけでなく、あなたの内なる宇宙が稼働しやすくなります。つまり、潜在意識が活発になっていくのです。

これからは、もっと積極的にリラックスタイムを持ちましょう。それは、単なる休憩ではなく、潜在意識を活性化させるための有意義な時間なのです。

リラックスする方法は、すべての人が同じではありません。人それぞれリラックスのポイントが違うことも多いでしょう。あなたのリラックスタイムを探していくことが大切です。

通勤中に音楽を聴くのがリラックスタイムだという人もいるし、半身浴をしているときが心地良くリラックスできるという人もいます。

カフェでまったりコーヒーを飲むのが落ち着く人もいれば、スポーツをして体を動かした後の時間がリラックスできるという人もいるでしょう。人によって、いろんなパターンがあります。あなたにとってのリラックスも、一つではなくいろんなパターンがあるはずです。

私は、散歩、半身浴、コーヒータイム、新幹線や飛行機の移動中などが主なリラックスタイムです。これらの時間に面白いアイデアがひらめくことが多いです。

心のリラックスとして考えると、何かを夢中になって創作している時間や同じ作業を繰り返しているときに、落ち着くこともあるでしょう。

身体は動かしていても、力みを取ることはできます。

実際に、スポーツする人は、常に全身に力を入れているわけではありません。むしろ、プレイ中は、必要なところには力を集中させるけれども、そうでないところはリラックスしているでしょう。

私も、ブログを書いたり、本の執筆のためにパソコンに向かったりしているときは、なるべく肩の力を抜き、心をリラックスさせてタイピングするようにします。

人は、「体に力を入れる」ということが習慣づいていますので、あなたはこれから、「リラックスする」ということを意図的に習慣化させていきましょう。そうすることによって、宇宙とのつながりがますます深くなるでしょう。

6 意識のオン・オフ

★散漫になっている意識を集めよう

これから、あなたが宇宙とつながって、ハイスピードでアイデアを生み出したり、いろんな情報を整理できるようになるために、まず、意識を使いこなしていくことがポイントです。

ここでいう「意識」は、無意識ではなく、意識。何かを「意識する」という感覚です。

例えば、あなたの家族を意識する、または右腕に意識を向けるといったとき、あなたの意識がその対象にフォーカスされていくでしょう。その感覚です。

でも、普段のあなたの意識はどういう状態でしょうか？　意識は、フォーカスされていなくて、散漫になっていることも多いものです。その状態だと、忘れ物をしたり、ただ流されて行動したりすることが増えてしまいます。

「意識」というものをしっかりと意識できるようになると、あなたの人生がもっと主体的に生きていけるようになるでしょう。

ただぼんやりと流されるままに生きていくのではなく、自分の意志で自ら流れを作っていけるようになるために、**今日から、「意識」を意識しましょう。**

日常の中で、ふと「意識」を意識するということを思い出してください。すると、散漫だった意識はあなたの中に集まってきます。

自分の「意識」を意識するようになると、あなたは人からの影響を受けにくくなります。自分の「意識」を意識せず、他人のことばかりに意識が向いていたり、目の前のことに集中できずに意識散漫になっている人は、自分の中に意識が集まっていないことにより、自分の内側がお留守の状態になってしまいます。すると、人からの影響を受けやすくなってしまうのです。

あなたの周りにも、自分が大好きな人、自分をいつもしっかりと見て大切にしている人はいませんか？　彼らは、他人からの影響を受けにくくはありませんか？　彼らは、隣の人が落ち込んでいても、イライラしていても、影響を受けずに自分のやるべきことに集中できているのではないでしょうか？

まず、自分の「意識」を意識しましょう。すると、あなたの意識はあなたの内側にしっかりと集まってきて、エネルギーもみなぎってきます。

すると、人からの影響も受けにくくなり、自分のやるべきことに集中できるようになるでしょう。

★集中モードへ、スイッチオン

あなたの「意識」を意識できるようになったら、次は、スイッチのオン・オフに挑戦しましょう。

あなたの意識を、意図してスイッチオンしていくのです。

そうすると、目の前のことにますます集中できるようになっていくでしょう。

「集中モード、オン♪」と軽やかに心の中でつぶやきましょう。するとあなたの内側に意識が集まってきて、目の前のことに集中できるようになります。

私の実践例をお話ししましょう。

私は、この集中モードを仕事や執筆をするときに、使うようにしています。私が執筆をするときは、パソコンに向かったら、まず肩の力をストンと抜きます。そして、意識を自分の内側に集めてきて、それからパソコンに意識を向けます。そして、心の中で軽やかに「集中モード、オン♪」とつぶやきます。そのときに、意識をヒョイっと軽やかにパソコンに集めてくる感覚で行うのがポイントです。決して、力まないように、静かに、軽いエネルギーで行いましょう。

「よーし！　頑張るぞ！」と力むよりもずっと、エネルギー効率がよくなり、集中できるようになります。

あなたも何か集中したいことがあるときに、「集中モード、オン♪」をやりましょう。

逆に、仕事ではなくオフモードのときは、はっきりとした声で、でも軽やかに、「オフ♪」と言うと体がオフモードに入っていくでしょう。

日常の中で、オン・オフを少し意識するだけでも、エネルギー効率がよくなり集中できたり、いつも以上にオフタイムでゆっくりとくつろげたりするようになるでしょう。

そうすることによって、この時間はどんなふうに過ごそうかという、自分への意識づけにもなりますので、とってもオススメですよ！

★あらゆる時間に目的を持つ

私は、これを行うようになって、人生が大きく変化したなと感じることがあります。

それが、「**あらゆる時間に目的を持つ**」ということです。

ただ流されて時間を過ごすのではなく、「**どんな時間にしたいのか？**」という目的を持つようにしたのです。


それを学ぶきっかけとなったのが、教員時代でした。

私が特別支援学校の教員になってすぐのときに、ベテランの先生からこんなことを言われました。「この朝のランニングの時間にどんな目的を持つのか？　ただ走る時間になっているから子ども達を走らせるのか？　子どもとどう過ごすための時間と捉えるのか？」そう言われたとき、私は深く感銘を受けたのを覚えています。

私たちの生活の中で、何の疑問も持たずにただ習慣として流されて過ごしている時間は意外と多いものです。

でも、**すべての時間に、「どんなふうに過ごすか」という目的を持つようになってから、あらゆる時間が生き生きと輝き始めるのを、私は感じたのでした。**

例えば、子ども達と過ごすときにも、「休み時間は、発散する時間。それが、授業への集中へとつながる」という目的を持って、休み時間は子ども達と思いっきり遊ぶようにしました。すると、子ども達は思いっきり体を動かして発散し、心が満たされるのでしょう。今まで授業にあまり集中できなかった子が、集中できるようになっていきました。

休み時間をただ過ごしていたときよりも、目的を持ったほうが、格段に子どもとの関係もよくなり、休み時間以外の時間も充実していったのでした。

そして、私自身の生活にも取り入れ、あらゆる時間に「目的」を持つようになりました。これは、決して目的を持たなければならないという「やらされ感」ではありません。目的を持ったほうが、自分の生活を工夫できて、より主体的にワクワク過ごせるようになったので、今も続けている習慣の一つです。

「今は、〇〇の時間。」という目的を持ちましょう。

寝るときは、自分の体を休めて潜在意識を活性化させる時間。
このリラックスは、アイデアを出すための時間。
今は、パソコンで執筆に集中する時間。
今は、友達と楽しくおしゃべりする時間。

それぞれの時間に目的を持つことによって、今この瞬間にしっかりと生きられるようになるでしょう。

ふとしたときに、「今」に意識がなく、過去や未来に意識が飛んでいて、目の前の大切なことに集中していなかったという経験はありませんか？

それぞれの時間に目的を持つとそういったことがなくなり、ますます「今この瞬間」に意識が向けられるようになり、オン・オフの切り替えも上達し、あなたの人生をより主体的に生きられるようになるでしょう。

第２章

自分の中の宇宙を呼び醒ますための日常実践ワーク

1　エネルギー読書法

ここでは、私が実際に行っている自分の中の宇宙を呼び醒ますための実践法をご紹介します。

自分の内なる宇宙とつながり、日常生活の中で潜在意識を活性化させていく方法です。誰でも今すぐ実践できるようなものばかりですので、ぜひとも皆さんの生活や、仕事などに取り入れて、眠っている能力を目覚めさせていきましょう！

★本選びは、ワクワク感度で決めよう！

あなたは、読書が好きですか？　本はスラスラ読めますか？

それとも、本を読みたいと思い、たくさん購入するけれども『積ん読』（本棚に積んだまま読めていない状態）になっていたり、または、読書中、目は文字を追っていても、頭では別のことを考えて本の内容に集中できなかったりしてはいませんか？

本を読むときに、一番大事なのは、「ワクワクしているかどうか」です。

今、この瞬間ワクワクしている本を読むことが、一番吸収率が高くスムーズに読書できる方法です。

でも、多くの人が、「読まなければならない」本を読んでしまっているのです。

知人に借りた本だから読まなければ……。仕事で必要だから読まなければ……。買ったまま放置してあるから読まなければ……。

そんな思いで本を読んでいては、情報がなかなかあなたの中にインプットされないでしょう。**情報の吸収率には、あなたの心の状態が反映されます。**

まず大事なのは、今この瞬間にワクワクしている本を選択すること。

買ったときは、ワクワクしていたけれども、今はもう読みたいと思わない本もよくあることでしょう。やはり、情報は、ワクワクした旬のうちに取り込むことが大切。

今日から、何か本を読んだり、情報を得ようとしたりするときに、「ワクワクしているか」を基準に考えてみてください。

ワクワクする本や情報は、あなたの潜在意識が喜んで情報をインプットしていくのを感じられるでしょう。

★今すぐできる直感を磨くエネルギー読書法

さあ、ワクワクする本を手にしたなら、あなたの直感を磨くエネルギー読書法をやってみましょう。

これは、本を1ページ目からじっくり読み込んでいく方法ではありませんが、自分にとって必要な情報を、簡単にピンポイントで得ることのできる方法です。

それでは、今あなたが読みたいと思う本があれば、その本を目の前に準備してください。そして、その本を手に取って、ペラペラペラ〜っとハイスピードにページをめくりましょう。本を一枚一枚丁寧にめくるというよりは、ザーッとページを流していくようにやっていきましょう。一冊めくり終えたら、もう一度。これを30秒ほど繰り返します。ポイントは、力まず、体をリラックスさせて、息をゆっくりと吐きながら行うこと。そのほうが、潜在意識が働きやすくなります。

本文の文字が十分には読めないくらいのスピード感で行うことが大切です。なぜなら、文字が読めないくらいのハイスピードにインプットした方が、潜在意識に情報を入れやすいからです。もし、文字が読めてしまうと、部分的に焦点が合い、読み取る情報量が少なくなってしまい、情報全体を潜在意識に取り込みにくくなるのです。ページ全体を焦点を合わせずにぼんやりと眺めるくらいがオススメです。

このハイスピードにページをめくっているときに、自分の内側はスーッとする感覚がしてきます。慣れてくると、自分の潜在意識に情報が取り込まれていくような感覚を感じるようになるでしょう。

これを30秒ほど行ったら、本を閉じましょう。そして、本に手を近づけていきます。そして、手のひらが暖かくなるような感覚がしたら、手を止めましょう。その感覚は、本のエネルギーを感じているのです。エネルギーを感じにくい人は、本にしっかりと手のひらをつけましょう。

そして、心の中でこう唱えます。「今の私に必要なメッセージを教えてください」

あなたの内側に、数字が浮かんできたら、そのページを読みましょう。例えば、「52」と浮かんできたら、52ページを開いて読みましょう。きっと、あなたに今必要なメッセージが書かれているはずです。

このエネルギー読書法を行うと、かなりの確率で、自分に必要なメッセージにピンポイントでたどり着くことができます。

私もこの方法は、時間がないけど自分に必要な情報を得たいときや、気分転換したいとき、はたまた、迷っていることに対しての答えを得たいときなどに行っています。

一冊すべてが今の自分に必要な情報とは限りません。そうではないことがほとんどでしょう。今この瞬間のあなたに必要なメッセージは、ほんの一文だったり、ほんの少しの情報であったりすることの方が多いのです。

このエネルギー読書法を繰り返すと、あなたの直感力が高まっていきます。ピンポイントで情報を得るだけでなく、潜在意識も磨いていくことができますので、ぜひ、一日一冊、エネルギー読書法をやってみましょう。これなら、一日たった5分で、今のあなたに必要な情報をダイレクトに得ることができるでしょう！

ちなみに、エネルギーの達人で、こんな方がいました。本を買って置いておくだけで、その本の内容を読まなくとも自分の中に情報が入ってくるというのです！　その話を聞いたとき、自分にも思い当たる節があるなと感じました。私も知りたい内容があって、Amazonで本をポチッと購入した後、その本を読まなくとも、知りたかった情報を手にしていたり、悩みが自然と解決していたりすることがあります。どうしてそんな不思議なことが起きるかというと、無意識レベルでつながっていて、情報を得ているからです。

あなたの内なる宇宙を開花させていくと、こんな不思議なことも起きるようになるかもしれませんね。

エネルギー読書法

①リラックスして、ハイスピードに本をめくっていく。最後のページまでやったら、また最初からめくっていく。これを30秒ほど繰り返す。

②本を閉じて、手のひらを本に近づけて、エネルギーを感じる。

③「今の私に必要なメッセージをください」と言って、頭に浮かんできた数字のページを読む。

★ インプットする情報に気をつけよ！

今は、昔と違って、テレビやインターネットの普及により、様々な情報が溢れている時代です。だからこそ、**良質な情報を得ると同時に、自分にとって不要な情報を手放していくことも大切です。**

あなたは、貴重な人生の時間を日々、費しています。過ぎた時間は戻って来ません。**時間は命そのものなのです。**

より有意義に人生を過ごしていくためにも、情報の取捨選択の感度を高めていきましょう！

世の中には、ネガティブな表現の情報もたくさん溢れかえっています。

私は昔、ニュースを見ながら朝食を食べていました。すると、ご飯と一緒に悲惨なニュースまでも飲み込んでしまっていたのです。やはり、経済が不安定な話や、残虐な事件の情報を見てすぐに、「さあ、ワクワクしよう！　前向きに生きよう！」とは、なかなか思えないものです。「ああ、今は大変な時代だな。いいことなんてなかなか起きない……」そんなふうに思っていましたが、情報を取捨選択し、テレビを見る時間をかなり減らしたことによって、内面が大きく変化していきました。特に悲惨な世の中の情報を意図して入れないようにしたのです。すると、自然と自分の内側のどこからともなく押し寄せる不安が消え去り、ワクワクと過ごせるようになっていきました。

よく、ニュースを見ないと困ることが増えるのでは？　と言われるのですが、実際には困ることはほとんどありません。むしろ情報を手放して得たことの方が大きいように感じます。

それに、この情報社会だと、情報を手放しても、ＳＮＳや人を介して、どこからともなく情報が得られるものです。

よくこんな質問をいただきます。

「いつもネガティブなことばかりを想像してしまうんです。例えば、電車のホームに立っていたら、後ろの人に突き飛ばされたらどうしよう……とか、将来お金がなくなって、借金を抱えたらどうしよう……とか。このネガティブな思考をどうにかできないでしょうか？」

私も昔はまったく同じような心境で、悩んでいました。ネガティブな妄想ばかりが広がってしまっていたのです。

同じように感じている人は、やはりインプットする情報を厳選しましょう。不安をあおるような情報を避け、ワクワク過ごせるような情報をインプットするように、自ら変えていくことが大切です。

私は、ネガティブな情報が入ってくるのを止め、自分がワクワクする情報を積極的に取り入れるようになってからは、ネガティブな妄想が自然とおさまりました。

ぜひ、今日から取り入れる情報の質を十分に見極めていきましょう！

2 日常の場面を写真のように記憶しよう

★あらゆる視覚情報に応用できる切り取りインプット法

私は教員時代に、どうやったら潜在意識を日常の中でうまく使いこなせるのかを研究しました。そして、それを仕事で活用するということを日々行っていたのです。

あるとき、あらゆる視覚情報の、記憶したいことをまるで写真を撮るように記憶し、後でその情報を思い出して活用する方法を思いついたのでした。

本の内容を**潜在意識に取り込むには、一か所にフォーカスするよりも、リラックスして全体を眺める方がよい**ということを先述しました。それをあらゆる視覚情報に応用しようと思いついたのです。

私は当時、特別支援学校の教員で、発達障がいのある子ども達を担当していました。彼らは、学校でどんなことを勉強したのか、どんなふうに友達と遊んだのか、学校の様子を自分たちで語れないため、毎日担任が連絡帳を書いていました。一日、彼らと過ごしながら、いつもと違うことが起きたり、面白い出来事があったりすると、それを記憶しておいて、連絡帳に書き出すということをしていました。当時、多動な子を担任していたので、ゆっくり連絡帳を書いている時間もなく、記憶を引っ張り出して、ハイスピードに連絡帳に書き出していくというのを、毎日行っていました。

いざ、連絡帳に書くときに、「今日はどんな一日だったかな?」と振り返るよりも、面白いエピソードの場面を、切り取って記憶しながら一日を過ごして行った方が、スムーズに書き出せるということを発見したのです。

その記憶の仕方のポイントですが、これを連絡帳に書こうと思う場面がやってきたときに、自分の意識の中で「カシャン」とシャッターを切るような音を立てるようにしたのです。その「カシャン」という音は、「今、この場面を記憶しました」と自分に意識づけさせるために行います。

一日を子ども達と過ごしながら、「Aくんは、このエピソード。Bちゃんはこのエピソードを…」という感じで、担当している数人の子ども達の特徴的な場面をいくつも「カシャン、カシャン」と記憶するようにしていったのです。その音は、私自身にとって、記憶しやすい心地良い音だったので、活用していました。

皆さんも、「あ！　これ素敵だな。このアイデア仕事に使えるな」「これは、ブログの記事になりそうだな！」など、自分がピンときて記憶したいと思った場面が訪れたら、**「カシャン」と意識の中でシャッターを切って、記憶していきましょう。**

すると、毎日がアイデア探しになり、とても楽しくなりますよ！

★切り取った情報を潜在意識から引き出そう

写真のように切り取った場面を、実際に引っ張り出してきましょう。そのときは、自分の内側を静かにして、「自分がカシャンと記憶したもの」とつぶやきましょう。

すると、「あ！　この場面とこの場面だったな」と、記憶の中からその場面が写真や映像のように視覚的に思い出されるでしょう。

これは、そんなに難しい方法ではありません。

自分に、「これを記憶します」というふうに、「カシャン」と言いながら記憶させ、「必要な場面になったら、思い出します」とあらかじめ意識づけしておく方法なのです。**カシャンと言って潜在意識に保存し、「思い出します」と言って、顕在意識に浮上させてくるというしくみです。**

これは、「一生懸命記憶しよう、思い出そう」と力むと逆効果です。リラックスしながら日常を過ごして、記憶したいことをそのまま意識に保存する感覚で行いましょう。**リラックスしている方が、潜在意識が活性化されるので、記憶の保存と引っ張り出す作業がスムーズに行えるようになります。**

毎日積み重ねていくと、自分にとっての「おもしろエピソード探し」が上手になり、日常が楽しく過ごせるようになるでしょう。記憶力もアップして、仕事などにも応用できます。私は最近では、本のネタになりそうな場面を切り取って記憶するようにしています。

☆写真を撮るように記憶する方法

① 自分にとって必要な情報はないか、日常に意識を向けながら、リラックスして過ごそう。

② 記憶したい場面は、「カシャン」とつぶやいて、意識のシャッターを切って記憶しよう。

③ 自分の内側を静かにして、「カシャンとシャッターを切ったもの」とつぶやくと、記憶した場面が蘇ってくる。

3 超集中すると時空を超えた体験をする

★ゾーンに入るためには、ワクワクで行動する習慣を持つ

ゾーンという言葉は、聞いたことがありますか？
スポーツ選手などがプレイ中に、ボールや他の選手の動きがまるで止まっているかのように見える超集中状態のことです。まるで、時間軸がそこだけずれてしまったかのようなゆっくりとした時の流れを感じるもので、スポーツ以外にも超集中状態に入ると、このように時空を超えた体験をするのです。

私も昔、このゾーンというものを体験したいなと憧れを抱いていました。そして、今では、時々ゾーンに入ったような体験をするようになりました。

私にとってゾーンに入りやすいのは、絵を描いているときと、文章を書いているときです。まさに今もそうですが、パソコンで執筆しているときに、超集中状態に入ると、自分の内側から文章が溢れ出し、それをものすごいスピードでタイピングしていきます。深く集中した状態になるので、周りの音も聞こえていないくらいの集中力を発揮します。そして、たくさんの文章を打ち出して、パッと時計を見ると、まだほんの数分しか経っていなかったということがあります。ほんの数分なのに、いつもの何倍もの文章が書き出されているのです。

これもまた、リラックスが要《かなめ》だということが体験を通してわかりました。力むと集中状態には入れません。**肉体と心をリラックスさせると、集中状態に入りやすくなります。**

そして、**ゾーンに入るためには、行動自体、思考が介入せずに無意識でできることというのが大事なポイントです。**

つまり、スポーツ選手だったら、得意なスポーツそのものに「ここで、こうやって足を出して……」という思考は介入しないで、無意識で身体が動くでしょう。

私も、パソコンのタイピングは、ブラインドタッチ（キーボードを見なくてもタイピングができること）ができます。無意識でタイピングできるので、潜在意識にアクセスしやすく、リラックスして超集中状態に入り、必要な情報をアウトプットしていけるようになるのです。

あなたがもし、ゾーンに入ってみたい！　と願うなら、あなたが無意識で行えるような、思考が介入しなくても身体が勝手に動くような慣れ親しんだものに、リラックスして取り組むとよいでしょう。

そして、やはり**できるだけあなたが大好きなもので、ワクワクすることを選択することが大切です。**

ワクワクなしに、超集中状態に入っていくことは難しいでしょう。ワクワクすることは、あなたの中のエネルギーを大きく高めてくれます。そのエネルギーがゾーンに導いてくれるのです。

私の場合、自分がワクワクする文章だからこそ、ゾーンに入っていけます。事務的に処理するワクワクしない文章だと、ゾーンには入りにくいです。

ブラインドタッチは、パソコンの中に入っている無料のタイピングゲームなどで、練習ができますよ。無意識でタイピングできるようにしておくと、第6章でお伝えする「宇宙と対話する方法」にも活用しやすいので、オススメです（もちろん、紙とペンでも対応できます！）。

★集中力を高めるには、子どもを参考にしよう

あなたのエネルギーを高め、集中できるようにするための、オススメの行動パターンがあります。それは、まるで子どものようにひらめくままに、興味の赴くままに行動していくという方法です。

子ども達は、今この瞬間に生きています。今やりたいと感じることを次々とやっていく。それを見て、大人達は、「集中力がない」「飽きっぽい」と思ってしまうのですが、実際は、**今この瞬間の自分のワクワクに忠実に生きていて、宇宙のしくみに沿った生き方なのです。**

子ども達は、決して飽きっぽいわけではありません。むしろ、**本当に興味のあるものと出会ったときは、大人より遥かに高い集中力を発揮します。**「ご飯よ」と呼んでも、その遊びをやめません。しかも、同じ遊びを何度も何度も飽きずに繰り返すその姿こそ、私たち大人も参考にすべき在り方なのです。

私たち大人が集中力を欠いてしまうのは、素直に行動に移す前に、思考で物事をジャッジしてしまうからです。

「これをやることに何の意味があるの？」「これ、本当に収入につながるのかな？」「また三日坊主に終わったらどうしよう」など、思考が介入して、今この瞬間のワクワクを十分に楽しむことができません。頭で考えたことばかりで生きていると、集中力はなかなか養われません。なぜなら、心と体がやりたいと思っていることではないものを選択してしまうからです。あなたの心と体がやりたいと思うことでないと、実際にはエネルギーが乗らないので、集中できないのです。

集中力を高めていくためにも、瞬間、瞬間のワクワクを行動していきましょう。

童心に帰って、無邪気にやりたいことを実行しましょう。

「三度の飯よりも好きなことを見つけたい」と思っている人こそ、子どもの姿は参考になります。最初は、あれこれ興味関心が移って、続かない人のように感じても、それでいいのです。あなたの人生に本当に必要なものは、必ず自然と続いていくはずです。

子どものように、まずは頭で考えずに、心が赴くままに行動しましょう。それが、意外にも超集中を生み出す最大のポイントなのです。

ゾーンに入るための3つのポイント

① **子どものように、ワクワクすることを行動すると、エネルギーが高まる。**

② **自分にとって無意識で行動できることは、ゾーンに入りやすい。**

③ **心身のリラックスで潜在意識が活性化し、宇宙とつながって時空を超えたような体感が起きる。**

4 気持ちの乗らない仕事をこなすコツ

★気持ちを乗せるための準備運動

あまりやりたくないけど、仕事上どうしてもやらなければならないことがあるとします。基本的には、そのような仕事は人にお任せしましょう。やりたくない気持ちでやると、エネルギーが注げず、仕事としてもよい結果が残せません。

自分よりも適任者を探して、仕事を預けるということもとても大切です。そして、自分がもっとエネルギーを注げる仕事に集中しましょう。

とはいえ、そうも言っていられず、どうしてもやらなければならないときもありますね。そのときに、どうやったら気分が乗ってくるか、お話しします。

まずは、自分の気持ちが乗ってくるように、準備運動を始めましょう。ここで言う準備運動とは、あなたのエネルギーが乗ってくる動作を行うことです。

例えば、実際に体を動かす体操などを取り入れるとあなたのエネルギーが動き出すこともあるでしょう。デスクワークの場合でも、鎖骨の周辺のちょっと痛気持ちいい場所を押してマッサージするとやる気が出たり、両手を後ろで組んで肘を伸ばし、肩甲骨を刺激したりすると、エネルギーが循環していきます。

私の場合、パソコンに向かっても気分が乗らないときには、何でもいいからタイピングを始めます。「あ～、何も浮かばないな～」という感じで、今心の中に浮かんでくる思いや感情をそのままメモ欄にタイピングしていくのです。すると、そうやって手を動かすことにより、自分の身体のエネルギーが動き出し、気持ちも乗り始めて、文章が降りてくるようになります。これは、文章を降ろすための**呼び水的な効果**と言ってもよいでしょう。

「あ～、集中できない、ダメだ！」なんて、自分を責めないようにしましょう。「**ど**

うやったら自分が心地よくエネルギーが乗ってくるか？」ということに意識を向けて、何でもいいのであなたが楽に、楽しくできることを準備運動として取り入れましょう。

自分が乗ってくる準備運動をいくつか見つけるとよいでしょう。

例えば、イチロー選手はバッターボックスで独自の動きをしてから、バットをかまえます。そうすることで、エネルギーが乗ってきて、安定して結果が出せるのです。

そんなふうに、エネルギーが乗ってくる自分なりの準備運動を編み出しましょう。私にとっての執筆前の準備運動は、パソコン上で行う宇宙との対話です。第6章で紹介しますので、楽しみにしていてくださいね。

★アファメーションで集中モードに！

何かを始める前に、アファメーションを唱えるようにしましょう。効率が驚くほどアップします。

「○時までに集中して○○ができた」と言って、自分の集中モードをオンにするのです！

ポイントは、肉体の力を緩め、心も静かにして、意識を研ぎ澄ませていきます。そして、自分にアファメーションを言って、集中モードへと意識のスイッチをオンにしていくのです。

「こんなたくさんの仕事終わらないよ〜」と思っていると、「終わらない」ということが潜在意識にインプットされ、なかなか終わらないという現実を創り出してしまいます。

それよりも、

「サクッと終わる」

「軽やかに完了する」

「速やかに楽しく仕事ができた」

など、自分で決めてしまうことです。

ただ「終わる」と表現するよりも、「軽やかに」「速やかに」「スピーディーに」などの言葉をつけると、さらに仕事のスピードが加速します。これらの言葉も、自分がしっくりとくる表現を選択しましょう。自分の感覚を優位にして、自分にとってのピンとくる言葉選びをしていくこともとても大切です。すると、自分の人生を自分で工夫していけるようになるでしょう。

5 集中力が高まる隙間時間活用術

★細切れの時間を活用するほど、集中力は高まる

あなたは、いつも「時間がない」と思っていませんか？

何かをやるために、時間がないからできないと言っている人がよくいますが、実際には、時間がないときほど、時間がうまく使えるようになります。

ワクワクを行動する時間も、何か文章を書いたりする時間も、読書する時間も、半日とか、数時間のまとまった時間が必要だと思い込んでいる人が多いのです。

でも、私は教員時代からずっと、細切れの隙間時間を自分のワクワクで埋めていくように工夫していました。隙間時間で、読書をしたり、ブログを書いたりして過ごし

ていたので、仕事と家事だけで一日が終わってしまうことはありませんでした。隙間時間に、自分のワクワクをたくさん詰め込むようにしていたのです。

隙間時間は、本当にほんのちょっとの時間でかまいません。私の場合、5分とか、それより短いこともありました。

ほんの5分でも隙間時間があると、読みたい本を読み、その瞬間はワクワクに浸るようにしていたのです。

すると、丸一日時間があるときよりもずっと、短時間で本の内容に集中でき、たくさんインプットできるようになったのです。

何かをスタートするのに、たくさんの時間が必要だと思いがちですが、**細切れの隙間時間を大事にしましょう。5分10分の隙間時間も、積み重なると大きな時間となります。**

例えば、10分という隙間時間を一日に6回取れば、もうこれで1時間があなたのためのワクワクタイムとなるのです。

これを、一年積み重ねれば、365時間があなたのための時間となります。10分の隙間時間の捻出は、そんなに難しいことではないでしょう。ボーッとテレビを見ている時間、通勤時間、スマホをいじっている時間、ネットサーフィンの時間、愚痴を言っている時間……。そんな時間を、ぜひ、あなたのワクワクのために使いましょう！　すると、今日からあなたの毎日が変化していくでしょう！

私も実際に、この隙間時間を積み重ねてきました。隙間時間にワクワクする本を読んだり、瞑想したり、アイデアを出したり、ブログを書いたり、さらには教員時代の隙間時間に一冊の書籍のアイデアを降ろし、企画書を書いて出版社に送り、出版が実現したのです。

小さな隙間時間を大切にしましょう。この隙間時間こそが、あなたの人生を大きく変えてくれるでしょう！

決して「ねばならない」で動かないことが大事です。やらねばならないことを隙間時間に埋めてしまうと、息が詰まってしまいます。**この隙間時間では、あなたのワクワクすることを行動しましょう。やりたくて仕方ないことを隙間時間に埋めていくと、ワクワクのエネルギーがあなたの中に溢れ出します。**

そして、今日は疲れているなと感じる日は、無理に隙間時間をワクワクに使う必要はありません。20分くらいの隙間時間があるなら、仮眠を取りましょう。するとあなたのエネルギーが補給されるでしょう。

★日常の中から、隙間時間を探そう

隙間時間を今日からワクワクタイムに変更していってほしいのですが、日常に戻ると目の前のことに振り回されてしまう人も多いでしょう。なので、今、ほんの少しの時間を使って、あなたの日常を整理していきましょう。

いつも使っているノートやスケジュール帳を準備してください。

そこに、自分の一日をすべて書き出しましょう。

何時に起きて、歯磨きをして、何時に出勤して、または、家事をして……というタイムスケジュールを、すべて書き出すのです。

書き出したものを眺め、あなたの一日を俯瞰《ふかん》しましょう。そして、その中から、5分10分の隙間時間が作れないか、探してみてください。

「ああ、この時間でいつもボーッとテレビを見ているな」「ここでいつもスマホをいじってるから、時間を作れるな」など、自分の一日をよく観察して、隙間時間を作れるタイミングをシミュレーションしましょう。

あなたの中で一度イメージしておくだけでも、日常の中で隙間時間を捻出しやすくなります。

そして、「これをやりたいな。あれをやりたいな」と、あらかじめ細切れでできそうなワクワクアイテムを準備しておくとよいでしょう。

この隙間時間活用法は、第4章の「宇宙からアイデアを降ろす方法」にも活用できますので、楽しみにしていてくださいね。

6 試験勉強に効く！ハイスピード勉強法

★教科書、参考書を潜在意識に落とし込む方法

ここでは、受験生や資格試験の勉強を考えている人に向けての、宇宙とつながるハイスピード勉強法をお伝えします。

あるとき、私のセミナーに来られた受講生さんが、こんなことをおっしゃったのです。「Lilyさん、明日資格試験があるんです。でも、今年は全然勉強できていないので、絶対に合格できません」どうやらとても難しい試験で、何度も受けているけれどもなかなか合格できなかったそうです。

それを聞いた私は、ある勉強法をお伝えしました。お伝えしたのは、試験の前日の

午後3時頃。それを聞いた受講生さんは、瞳をキラキラとさせて、「ありがとうございます！　明日の試験に間に合うようにやってみます！」そう言って、足早に帰って行かれました。

後日、その受講生さんからメールが届き、「奇跡的に試験に合格しました！　ありがとうございます」という素敵なご報告をいただいたのです。

彼女が勉強できた時間は、ほんの半日にも満たないくらいだったでしょう。それでも、自分の潜在意識をフル稼働させて、見事試験に合格することができたのでした。

その勉強法を今からお伝えしますね。

★ハイスピード勉強法

① まず、教科書や参考書を準備します。

② 教科書を目の前に置いて「私は、教科書の内容を潜在意識にインプットし

ます」「私は、明日の試験に合格します」などのアファメーションを唱えます。身体はリラックスさせ、意識を教科書へと集中させていきましょう。

③教科書を、見開き1ページを1秒くらいのペースでペラペラとめくっていきます。このときも、そのページをぼんやりと眺めるような感覚で、一か所にフォーカスせずに全体を見るようにしましょう。

教科書全ページを一通りめくります。問題集も同じように一通りめくるとよいでしょう（ここでは、しっかりと内容を理解できているという感覚はありません）。

④2回目からは、普通に教科書を開きます。そして、心と身体をリラックスさせ、意識を教科書に向け、そこで目に飛び込んでくるワードがあれば、その周辺を読み、またページをめくって、飛び込んでくるワードの周辺を読む……ということを繰り返します。

⑤時間がある限り、③④を繰り返します。ピンとくるワードは、あなたの潜在意識が「大事だよ！」と教えてくれているのです。潜在意識を信頼して、飛び込んでくるワードをキャッチし、その周辺を読むというのを試験の全

範囲で何度も繰り返しましょう。

特に、朝早く起きてから、もう一度行うといいでしょう。

⑥実際の試験では、「私は合格する。私は必要な情報を思い出し、時間内に問題を解くことができる」などとアファメーションを心の中で唱えてから、スタートしましょう。試験問題の全ページを先に一通りめくってから、問題を解き始めることをオススメします。

この方法を、あなたも実践してみてください。

あなたの潜在意識は、あなたに必要な答えを教えてくれるので、ピンとくるワードを信頼して、その周辺を読み、学んでいくというのを全範囲繰り返しましょう。**一度で完璧に覚えようとするよりも、リラックスして何度も繰り返し情報を取り込んだ方が、潜在意識に深く刻まれていきます。**

また、アファメーションを効果的に唱えることによって、あなたの意識はより活発に働いてくれるでしょう。

★インプットとアウトプットの時間を工夫しよう

インプットとアウトプットには、その効率が上がる時間帯がそれぞれあります。私がよくやっているのは、寝る前にインプットし、朝起きてからアウトプットするという方法です。一日の後半になってくると、体も疲れてきて、アウトプットする質が下がっていきます。そのときに、リラックスした状態で、情報をインプットすることをオススメします。

そして、睡眠も活用しましょう。**潜在意識は、リラックスと休養が大好きですから、睡眠時間に活性化するのです。**

寝る前に、「寝ているときに情報が整理された」「明日、すっきりと目覚めて、スラスラとアウトプットできる」などと唱えてから眠りにつくとよいでしょう。

試験勉強の場合、朝目覚めてから、問題を解きます。

私の場合、夜のうちに自分が書く本の目次を眺めておいて、寝ている間に潜在意識を活性化させ、朝起きてから実際に執筆を始めることが多いです。太陽の出ている時間帯は、アウトプットが捗ります。

どの時間帯も有効に活用することができます。それは、睡眠においてもです。

まずは、自分の体をよく知って、自分がどの時間帯でどんなふうに勉強すると効率がよいのかを研究してみましょう。すると、勉強するということをもっと楽しめるようになるでしょう！

7 睡眠の活用

★睡眠は、宇宙と交信する時間

睡眠は、とても大切な時間です。睡眠を有効活用すると、起きている時間に行動したことが、さらに大きな効果となって伸びていくでしょう。

人間は、一日の約3分の1近くを睡眠に使っていますので、その時間も有効活用していくことで、あなたの毎日がますますエネルギーに満ち溢れていくはずです。

私は20代前半に不眠症に陥り、睡眠導入剤を服用していた時期があります。悩みや不安が多くて眠れず、さらに、日中眠くなることに対して、「逃避している」と自分を責めてしまっていたのです。

睡眠自体に悩まされていた頃に、**「睡眠とは潜在意識を活性化させる大事な時間だ」**ということを知りました。それは、睡眠を肯定できるきっかけにもなったのです。おかげで、今では快眠です。

もともと私はロングスリーパーで、よく寝ます。不眠症で悩んでいた頃に、様々な本を読んで睡眠について研究したことがありました。そして、短眠法に憧れて、3時間睡眠で活動する方法も実践しましたが、私の体には合いませんでした。必要な睡眠の長さは、一人ひとり違います。**あなたにとっての、心地良さが大切なのです。**

私は、普段、7〜8時間の睡眠を取ります。なるべく目覚ましをかけずに朝日を浴びて目覚めるようにしています。なので、遮光カーテンは使用しません。その方が人間の本能に順応しやすいからです。

睡眠導入剤を飲んでいた私でしたが、今では3秒で眠りにつくことができるようになりました。合宿など、人がいる環境でも3秒で眠りにつくことができます。同室の人に翌朝、「本当に3秒で寝てましたよ！」と驚かれたほどです。

私は、睡眠につく前に、アファメーションを言って寝るようにしています。「ぐっすり眠れて、明日の朝、気持ちよく目覚めることができた」そう唱えると、本当によく眠れて、翌朝スッキリと目覚めることができるのです。

睡眠時間が十分に取れないときは、「１日分の十分な休養を取ることができ、すっきりと目覚めることができた」と言うと、２、３時間の睡眠でもシャキッと目覚めることができます。ですが、普段はなるべく十分な睡眠時間を確保するよう心がけています。

執筆で忙しい時期には、「明日、スラスラと文章が降りてくる」と言ってから寝るようにしています。すると、**寝ている間に、しっかりと潜在意識が宇宙と交信して、文章が降りてくるように準備を整えてくれるのです。**

もちろん、昨日の夜もそれを唱えて寝ましたし、今は太陽の光を部屋で浴びながら、執筆をしています。

★夢日記で潜在意識を活性化させよう

睡眠を大事にするようになると、不思議なことが起きるようになりました。予知夢のような夢を見るようになったのです。

私は一時期、夢日記を習慣にしていました。朝起きたときに、自分が見た夢をノートに書き出すというものです。

夢日記をつけるようになってからは、夢でアイデアが浮かんだり、予知夢のような実際の情報を得たりするようになったのです。

ある朝、こんな夢を見ました。海で大地震が起きて、津波にのまれた夢を見たのです。当時、iPad に夢日記を書いていたので、そこに見た夢を文章で書き込んでいました。そして、その日の午後、東日本大震災が起こったのでした。私が夢を見たのは、地震が起きた3月11日当日の明け方でした。

それ以外にも、友人の赤ちゃんが生まれた夢を見たことがありましたが、夢を見たのとほぼ同じ時間帯に友人は出産していたのです。

なぜこのようなことが起きるのかというと、これも無意識はつながっているからなのです。地震が起きる前に、野生の動物が先に察知して逃げると聞いたことがあります。その察知能力は、本来は人間にも備わっているものだと感じています。

自分の能力開花に興味のある方は、ぜひ、今日から夢日記をつけましょう。

まずは枕元にペンとノートを準備して「朝目覚めたら夢を覚えている」と言ってから眠るようにしましょう。

そして、目覚めた瞬間に、ノートに書き出しましょう。

夢というものは、すぐに消えてしまうことが多いので、机に移動している間に、「何の夢を見たんだっけ?」と忘れてしまうことがあります。なので、枕元に準備しておいたほうがいいでしょう。

睡眠は、宇宙と交信する時間で、潜在意識は活発になります。この時間を活用することは、そんなに大きな努力は必要ありませんし、自分の眠っている能力を呼び醒ますのに最適な方法です。ぜひ、積極的に活用していきましょう！

ただし、夢ばかり見てぐっすり眠れた感覚がないと感じる場合は、夢日記をお休みしましょう。自分の体と相談してくださいね。

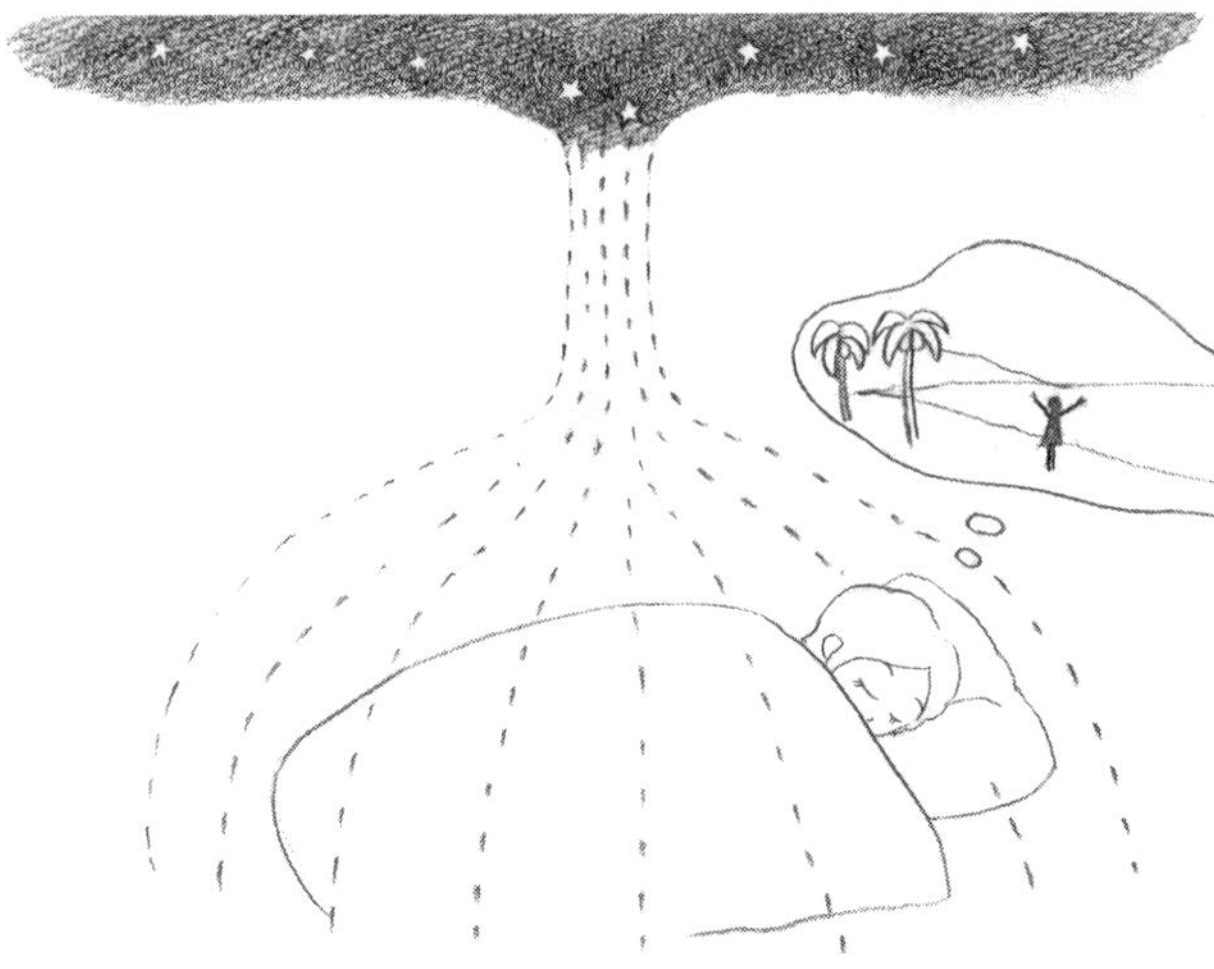

8 本屋さんで直感を磨こう

★エネルギーで本を選ぶ

私は大の本好きで、教員時代には年間に数百冊の本を読んでいました。最近は、アウトプット（執筆）がメインとなってきているので、たくさんのインプット（読書）はしていませんが、かつて大量にインプットしたことが、今の作家活動に大きな成果をもたらしているように感じています。

読書のポイントは、ピンときた本、ワクワクする本を読むこと。直感的に本を選ぶということを実践してきました。これが、自分にとっての良書と出会う最大のポイントだったように感じています。

自分の家の本棚を見て、毎日ワクワクピンときたものをお風呂で半身浴をしながら読んだり、またはバッグに忍ばせて、隙間時間でワクワク読んだりしていました。

私は本を選ぶとき、本棚に行き、本を手にとって何冊かペラペラペラ〜っとめくります。そして、自分の内側にスーッと入ってくるような感覚がしたら、その本を読むようにしていました。今の自分に必要ない本は、ペラペラペラっとめくっても、何も感じないのです。やはり、自分の内側が「必要なものはこれだよ」と感覚で教えてくれるのです。

書店での、本選びも感覚を優先させていました。本屋さんに行き、「自分に必要な本と出会える！」と唱えてから、リラックスして本屋さんをぐるっと一周します。すると、突然何だか気になる棚で、足がストップするのです。その棚を眺めて、ピンときた本を何冊か手に取り、ペラペラペラ〜っとめくって、潜在意識にスーッと入ってくる感覚がしたものを選ぶようにしていました。そのとき、目次をしっかり見るのもオススメですよ。本の内容を俯瞰できます。

このように、**何となくの小さな感覚を頼りにすると、自分にとって今必要な良書に出会える確率がぐんと上がりました。自分にとっての良書は、やはり自分の潜在意識が知っているのです。**

ときには、思考が介入して失敗することもありますが、それも練習です。自分の直感を磨くのに、本選びはかなり有効ですよ！

★本は買ったほうが身につく

本は、人から借りたり、図書館から借りたりすることができます。でも、やっぱりオススメは、実際に購入することです。

特に、私の感覚ではありますが、中古本よりも新刊がオススメです。本を買う時に、支払ったお金がエネルギー交換となり、情報が自分の中に落とし込まれていくような感覚があります。

私は、廃盤になった本以外は、新刊で買うようにしています。なぜなら、情報の吸収率が大きく変わるように感じるからです。

私もお金がなかった頃は、図書館で本を借りたり、友人から本を借りたりしたことがありますが、そうすると時期が来たら本を返してしまい、手元に残りません。そのようにして得た本の内容は、不思議と覚えていないことが多いのです。潜在意識には入っているのでしょうけど、実際に新刊を買って手元に置いている本との情報吸収率には大きな差があると感じています。

それは、お金を払ってでも得たいと感じた情報かどうか、ということなのでしょう。エネルギーという点から見ても、借りたものと買ったものとでは、自分の内側に湧き起こるエネルギーの大きさが全然違うように感じます。

ぜひ、あなたもピンと来た本は、実際に買って、何度も読み返しましょう。本はあなたにたくさんの生きる知恵を与えてくれるでしょう。

9 自分のひらめきスポットを見つけよう

★集中できる落ち着く場所を探そう

自分を知り、自分の能力を開花させるためには、環境も自ら選択していきましょう。

私自身、「自分はどこで何をするとどんなふうに集中できるのだろうか」ということを、いつも内観しています。

Aのカフェのこの席が執筆をするのに文章が降りて来やすい。

Bのラウンジだと、未来のワクワクをイメージするのに、世界観が広がりやすい。

Cの公園を散歩していると、企画やアイデアがひらめきやすい。

このように、自分にとってのお気に入りのひらめきスポットを探すようにすると、さらにあなたのエネルギーが高まって、ワクワクしながら仕事もでき、時間の効率もよくなるでしょう。

未来の計画を立てるときは、少しラグジュアリーな空間がオススメです。今の自分のよく行く場所よりも、少し背伸びした空間のほうが、未来のエネルギーと調和して、想像が広がりやすくなります。よく行く場所だと、どうしても「今の自分の思考」が介入しやすくなるので、未来の計画にはあまりオススメではありません。「いや、現実的にこれは無理だよね」という思考にはまってしまうのです。だからこそ、非現実的な空間のほうが未来を描くのにちょうどよいのです。

アイデアを出すときは、ちょっとザワザワした空間がいいとか、集中したい作業したいときは、静かな空間のほうがいいなど、これは、人それぞれ感覚が違うでしょう。あなたにとってのひらめきが起きやすい場所を探すようにしましょう。

私は、文章を書くときは、無音の空間のほうがいいので、自宅が一番集中できますが、逆に音楽がかかっている空間や、人がいる空間のほうが集中しやすいという人もいるでしょう。

自分にとってのひらめきスポット探しを始めると、より自分の特徴がわかって、今まで以上に素晴らしいひらめきがやってくるようになってきますよ。

★自宅の環境を集中できる聖域に！

自宅に、自分が集中できる聖域を創りましょう。すると、あなたはいつでも自宅でエネルギーを高く保って作業ができるようになるでしょう。

自分がこれからやろうと思っていることに対して、まだ取り組めていないとしたら、環境を整えることから始めるとよいでしょう。私も、作家になる前から、「作家になるとしたらどんな空間で執筆をしているだろう」とイメージを膨らませて、自分の部屋を作家風にアレンジしていました。

作家だったら、大きな書棚があるだろう。そして、こんな椅子とテーブルで執筆しているだろう、と妄想しながら、今の自分の部屋を未来の自分の環境に整えたのです。それは、教員時代から行いました。

そして、自宅を整えるだけでなく、全国各地を回っているだろうとイメージしたので、身軽に移動できるようにスーツケースの中身や持ち物を整えたり、各地で素敵な落ち着けるカフェやラウンジ探しをしたりして楽しむようにしていました。今ではそれが現実の生活となっています。

あなたの今いる家の、デスク周りや、ソファーの周りなど、自分の心がワクワクしてひらめいたり、作業がしやすくなったりするよう環境を整えるとよいでしょう。脳が「もう夢は叶った!」と錯覚して、その現実を創り上げていくでしょう。

第3章
ひらめきと宇宙の関係

1　自分の中にすべての答えがある

★宇宙はあなたにいつもメッセージを送っている

あなたの中に、すべての答えがあります。宇宙は、いつもあなたにメッセージを送っているのです。そのメッセージに気づけるかどうかが大きなキーポイントです。

私が潜在意識を研究し、自分で試行錯誤していた頃、突然宇宙から宇宙の映像を送られてくるという体験をしました。その映像を見てから、宇宙の様々な謎が解けたのです。

その映像について、詳しくお話ししますね。

私がお風呂でゆっくりと半身浴していたときでした。心も体もリラックスしていたので、宇宙とつながりやすい状態になっていたのでしょう。突然、ピカッと目の前が光り、フラッシュバックのように一瞬、宇宙の映像が見えたのです。

私の視点は宇宙の視点にすり替わり、遥か彼方の宇宙から、地球を眺めていたのです。

私が見た地球は、いわゆる球体ではなく、地球と宇宙とに境目はありませんでした。まるで夜空のような深い濃紺の世界が広がっていて、大地や川や海が見えました。

その地球上に無数の星が見えたのです。よく見ると、その星は人間の魂でした。そして、すべての輝く魂に、宇宙は青い光のエネルギーを降ろし、1ミリのくるいもなく、愛を持って私たち人間を采配しているという映像だったのです。

それを見た瞬間、私は、遠い昔の魂の記憶を思い出したような感覚がしたのでした。

宇宙のしくみは、本来すべての魂が知っています。でも、その記憶を忘れ去って、この地球にやってきているのです。

そこで、わかったことは、宇宙はいつも私たちに青い光のエネルギーを降ろしていて、すべての人にメッセージを送っているということです。

それを、直接的にメッセージとして受け取ることもあれば、感情が湧き起こることによって導かれたり、必要な人物を宇宙が采配し、その人からメッセージを受け取ったりすることがあります。

あなたが気づいていようといまいと、もうすでに宇宙はあなたにたくさんのメッセージを注いでいたのです！

★宇宙からのメッセージはあなたの内側にやってくる

宇宙からのメッセージを受け取ろうとするとき、多くの人は、自分の外側に何か見えたり聞こえてきたりするのだと期待しています。しかし実際には、**宇宙からのメッセージはいつもあなたの内側にやってきます。**

だから、外をどれだけ見つめても、あなたは答えをキャッチすることができません。

あなたの中に答えはやってくるのです。

宇宙からのメッセージを受け取るとき、ほとんどが直感やひらめきという形でやってきます。自分の内側で、ピンとくる感覚やひらめきを敏感にキャッチする必要があります。

人によっては、映像を見ることもありますが、それも外側に見えてくるというよりも、自分の内側にやってくる感覚です。自分にしか見えない映像なので、いつも自分に注目している必要があります。

そして、ときに宇宙は、人を借りてメッセージを送ってくることもあります。隣の人が突然大切なメッセージを話し始めることがあります。これも、その人の話を聞いて、ピンとくるかどうかは、自分の内側の感覚にどれだけ気づけるかにかかっているのです。

自分が宇宙であり、自分の内側にたくさんの答えが眠っていて、常にあなたの中に

答えやメッセージが通過していくのです。

それを逃さずキャッチしていきましょう。

2 自分の内側に意識を向ける習慣を持つ

★自分の内側に意識を向けるとは

自分の内側に意識を向ける習慣を持ちましょう。**宇宙とつながるには、自分の内側に意識を向けることが一番の近道なのです。**

外へ求めても、なかなか宇宙とはつながれません。あなたの内側に宇宙が存在しているのですから。

それでは、自分の内側に意識を向けるとは、どういうことか詳しく話していきましょう。

第1章でも、「意識」を意識しないと散漫になってしまうという話をしました。他人が気になって仕方がないときは、あなたの意識は他人に向いています。自分に意識を向けるようになると、人のことがあまり気にならなくなります。

いつも他人から見られているような気がしたり、何かを言われるんじゃないかとビクビクしたりしている人は、自分の内側を見つめるようになると、他人のことが気にならなくなっていきます。

自分の内側を見るということは、自己中心的な性格になってしまうかもしれないと心配する人もいるのですが、決してそうはなりません。**自分とつながると、宇宙のすべてとの一体感を感じるようになり、自分も他人もないのだという感覚になっていきます。**偽善ではなく、自然な形で愛溢れる優しい人に変わっていきますから、安心してくださいね。

自分の内側に意識を向けるとは、今この瞬間に自分が何を感じているかに気づいていくことです。

今、私は悲しいと思った。
今、私は○○をやりたいと思った。
今、私は△さんのことが好きだなと思った。
今、私はお腹が痛くて、休みたいと思っている。
今、私は□□に対して、腹が立った。
今、私は将来お金に困ったらどうしようと思った。

このように、あなたが今この瞬間、何を感じ、何を考えているかに気づくようにしましょう。**自分に意識を向けるようになると、いつも自分の中に溢れかえっている思考や感情の渦が、少しずつおさまっていきます。**不思議なのですが、感情や思考は、気づくと消えていきます。

しかし、感情に気づいて、またさらに自己否定をしてしまう人がいます。「またお金の不安を感じてる！　ダメだな～」「人のこと嫌いに思っちゃダメ！」と自分を否定すると、さらに感情が膨れ上がっていきますから要注意です。嫌な感情も、嫉妬も、執着も、人間だったら起きる感情です。否定せず、「ああ、私はこんなふうに感じているんだな」とただ気づくだけで、思考や感情はやがて消えていきます。

ただし、長年溜めていた根っこの深い感情は、気づくだけでは終わらず、しばらくの間はどんどん溢れ出てくるでしょう。でも、出し尽くせば消えていきますし、そのような場合は、次にご紹介する、デトックスノートがオススメです。

★宇宙からのメッセージに気づくために

宇宙からのメッセージは、すべての人に与えられていますが、なぜそれに気づけないのかには、こんな理由があります。

- **自分の内側に意識を向けていないことによってメッセージをスルーしてしまっている。**
- **思考や感情が内側を埋め尽くしてしまっていて、宇宙からのメッセージが埋もれてしまい気づけない。**

●一旦気づくけど、気のせいかもしれないと思い、見て見ぬ振りをしている。
●メッセージに気づいた上で、こわくてチャレンジできない。

宇宙からのメッセージやひらめき、直感に気づけない人は、頭の中が思考で埋め尽くされている状態になってしまっているのです。一般常識や周りの人の意見、不安などがごちゃ混ぜになっていて、自分が何をしたいのかも見失っている状態です。

そういう人は、一旦自分の内側をクリアにするために、デトックスノートを書くことをオススメします。

自分の内側に浮かんでくる感情や思考をすべてノートに書き出しましょう。

実際に書き出すと、嫌なことが実現してしまいそうで書けないという人がいますが、安心してください。書き出したことがすぐには実現しませんし、むしろ、その不安やギュウギュウに詰まった思考のエネルギーを常に持ち歩いている状態の方が健全ではありません。外に出さなくても、あなたの体がそれを飲み込んでいる状態ですから、それではなかなかひらめきに気づけないでしょう。

ノートに書き出すという行為は、自分の内側から外側へ出す行為。だから内側のデトックスが起きて、綺麗になっていくのです。排泄と同じです。

あなたの内側がクリアになると、ひらめきや直感に気づけるようになります。

では、ここでノートを準備しましょう。書いたことを残しておきたくない人は、便箋か、何かの裏紙でもかまいません。今、この瞬間あなたの中に浮かんでくることをすべて、書き出しましょう。思考のほうが早くて、手が追いつかないかもしれませんが、スッキリするまで書き出しましょう。

ていねいな字で書かなくても大丈夫です。誰に見せるわけでもありません。途中で涙が出てきたら泣いてもかまいません。最初はネガティブだった表現が書きなぐっているうちに、やがて感謝の言葉が溢れてくることもあるでしょう。

そして、嬉しい感情、幸せな気持ちも、抑えている人も多いものです。それらも思いっきり書き出して、喜びも幸せも十分に感じ尽くしましょう。喜びを十分に感じることで、自分の内なる宇宙がエネルギーに満ち溢れていきます。

　ぜひ、毎日デトックスすることをオススメします。まずは1週間でも続けてみると、何だかスッキリ調子よく過ごせる日が増えてきます。

　デトックスノートを続けていると、あなたの内側がクリアになり、ひらめきが溢れ出したり、今まで聞こえなかったような内なる声が聞こえたりするようになるでしょう。それが、宇宙からのメッセージなのです。

　体のファスティングや断食をしたときに、突然ひらめきが起きるような感覚と

似ています。これは、お家を掃除したときにスッキリしていいことがやってくるのとも同じ原理なのです。

宇宙からのメッセージは、あなた自身の声であることがほとんどです。あなたが宇宙なのですから。でもその声は、普段のあなたの声とは少しだけ違い、**愛に溢れたエネルギーの高い声**だということに気づくでしょう。

3 アウトプットすればするほど、宇宙はアイデアを与えてくれる

★出し惜しみするとアイデアは降ってこない

あなたのひらめきは、宇宙から与えられたものです。地球がもっと素晴らしい星になるために与えられた大切なメッセージなのです。ぜひ、ひらめきをキャッチしたら行動しましょう。

あなたの行動は、アウトプットになります。

インプットばかりで知識はたくさん詰まっているけれども、それが知識でとどまっている人を見かけるととてももったいなく感じることがあります。

宇宙は、あなたという人材を通して、地球に還元されることを待ち望んでいますか

ら、ぜひ、自分の可能性を広げていくためにもひらめきや直感を行動に移していきましょう。

何かを表現するときに、出し惜しみをする人がいます。

「このアイデアはまだとっておこう」

「たくさん話すともったいないから、ここまでにしておこう」

この考え方はとてももったいないことをしています。あなたの可能性を大きく狭めてしまうのです。

出し惜しみするという考え方は、もったいない、自分が得したいという考えの奥に、「新たなアイデアはやってこないのではないか」という自分に対する不信感が潜んでいます。すると、自分の可能性を狭めてしまい、自分の器を広げることもできません。損したくないという考えによって、一番損をしてしまうのは、自分自身なのです。

あなたが全力を注いでアウトプットしても、枯渇することはありません。一旦すべ

てを出し尽くすと、さらに次のアイデアを宇宙が与えてくれるのです。

私も「宇宙の秘密３６５」のメルマガを書くとき、本当に３６５日分書けるのかなと少し不安になりましたが、実際に書けば書くほど、どんどん伝えたいメッセージが降りてくることを実感しました。自分にはそんなに書けないかもと思って出し惜しみをしていたら、本当に３６５日分書き上げることはできなかったでしょう。

途中からはまるで宇宙からのサポートが入ったかのように、意識が飛びながら書いたこともありました。**出せば出すほど、自分を飛び越えて宇宙がサポートしてくれる**のだと感じた体験でした。

あなたも、ちょっと出し惜しみしたくなるときに、思い切って出し切るようにしましょう。宇宙からのサポートを感じられるでしょう。

★出し尽くすと、宇宙とのパイプが太くなる

あなたは宇宙のエネルギーを通すパイプ役です。宇宙のアイデアを通すパイプなのです。宇宙からやってきたアイデアを実行すると、パイプはさらに太くなり、宇宙からもっとたくさんの応援が得られるようになります。

逆に、アイデアを出し惜しみすると、パイプが細くなってしまいます。

あなたは今、どうでしょうか？
自分の力を十分出しているでしょうか？
それとも出し惜しみをしているのでしょうか？

自分の能力が発揮できないものに時間をとられているとしたら、とてももったいないです。**あなたがエネルギーを注げることを思い切って選択していきましょう！**

何かにチャレンジしてもすぐに十分な成果を出せないかもしれないと心配する必要はありません。パイプは、少しずつ大きく太くなっていきます。

あなたが今少しのことしかできないと感じていても、スタートすることによって、少しずつパイプは太くなるのです。


ある日、突然ドンとパイプが太くなることもありますが、行動なしにパイプが太くなることはありません。

動かず期待するのではなく、行動しながらパイプを太くしていきましょう。


パイプが太くなるということは、たくさんのアウトプットができるようになるだけではありません。宇宙とのつながりが強くなるので、アイデアがやってくるスピードも早まります。

今までアイデアを降ろすのに1ヶ月かかっていたことも、3日になったり、または質問を投げかけるとすぐに答えがやってきたりするようになります。

どんどんアウトプットして、大きくエネルギーを循環させていきましょう！

4 アウトプットに大切なこと

★リラックスすると宇宙の情報がたくさん流れ込む

宇宙からの情報を流すためには、やはりリラックスが大切です。リラックスすればするほど、たくさんの情報をインプットすることができますが、アウトプットも同様に、リラックスが大事になってきます。

あなたは宇宙のエネルギーを通すパイプだとお伝えしましたが、やはりパイプにぎゅっと力が入ってしまうと、パイプの通りが悪くなり、エネルギーが詰まってしまうでしょう。

だからこそ、何かを表現しようとするとき、文章を書こうとするとき、アイデアを降ろすとき、意識してリラックスするとよいでしょう。そうすると、アイデアや文章が降りてきやすくなります。

そして自分が発信している。自分がアイデアを生み出す。**自分が、自分が……という感覚を解き放っていくと、もっと宇宙との繋がりがよくなり、アイデアが降りやすくなっていきます。**

肉体の力みは、「自分」というものを認識しやすくなってしまいますので、リラックスして肉体を解放させ、自分という感覚を解放させて、アイデアが降りやすい形を作っていきましょう。

★愛をもって発信する

アウトプットで大切なことは、やはり愛を持って発信するということです。**宇宙は、**

愛のエネルギーで出来ていますので、愛を持って発信していくことで、宇宙のエネルギーと同調し、大きく拡大していきます。

発信するときには、視点を高く持つことが大切です。愛のない形で、自分が儲けようう、得しようという観点で発信しても、宇宙の愛のエネルギーと同調しないので広がっていきません。

人間なので、どうしても目先の損得感情に流されてしまうこともあるかもしれませんが、「愛」のエネルギーを意識できるようになると、結果、大きく循環し豊かになっていきます。

目先のことを見ているか、さらに大きな視点で愛が循環していくことを見ているか。それは、視点の広さ、高さが全く違うので、やはり循環の大きさが変わってきます。

あなたが実際に発信する言葉も、**愛ある表現を選択しましょう。**もちろんあなたらしさが大切ですので、あなた独自のユニークな表現も大事にしながら、愛がさらに拡大してくことをイメージして発信できるとよいでしょう。

あなたの発信で、愛が循環していくところを想像しましょう。ワクワクドキドキしませんか？

言葉一つひとつにも愛のエネルギーを込めることで、その愛を受け取った人が幸せな気持ちになり、さらにその人の周りの人へと愛が伝染していきます。

小さな発信も、愛を込めて行うと、どんどん愛が広がり、幸せの連鎖が見えないところで起こっていくのです。

そんなふうにイメージして、アウトプットすることを楽しんでいきましょう！

第4章
宇宙からアイデアを降ろす方法

1　アイデアは宇宙から降ろそう！

★アイデアは机に向かって考えるより、宇宙から降ろそう

あなたは、アイデアを生み出すときにどのようにしていますか？　仕事の企画を考えたり、誰かへのプレゼントを考えたり、ブログのネタを考えたり、イベントの企画を頼まれたり……私たちは、あらゆることで日々、アイデアを生み出すということをしています。

いきなり机に向かっても、アイデアが全く浮かんでこないという経験をしたことはありませんか？

アイデアが降りてくるまでには、少し時間がかかります。

机に向かってじっとしているよりも、体を動かしたり、歩いたりした方がエネルギーも動き出して、アイデアが生まれやすくなっていきます。


私は、アイデアを生み出すとき、すぐに机には向かいません。

以前は、机に向かってじっと座り、一生懸命頭でアイデアを絞り出していましたが、そんなときはよいアイデアがなかなか浮かんできませんでした。アイデアが浮かぶまでに時間がかかるし、出てきたものも、頭で考えられたもの、つまりたった3％の顕在意識だけで生み出した小さな枠にはまったようなアイデアが多かったのです。


私は20代前半の頃絵を描いていて、まったく自分の中にアイデアが生まれてこなくて、とても苦しい思いをしました。そこからどうやったらアイデアが降りてくるのかを、真剣に研究するようになったのです。

そして、今まで頭の中から絞り出していたアイデアを、次第に「宇宙から降ろす」ことができるようになっていったのです。

たった3％の顕在意識でアイデアを絞り出すのをやめました。すると、自分の思考を超えた発想が宇宙から与えられるようになったのでした。

ストレスフリーで宇宙からアイデアを降ろすことができると、生まれたアイデアのエネルギーもＬｉｇｈｔで愛に溢れたものとなります。それを形にしたとき、宇宙とつながってより大きく循環していくでしょう。

★宇宙からアイデアを降ろす実践法

それでは、実際にどのようにアイデアを降ろしたらよいかをお伝えします。

★宇宙からアイデアを降ろす方法

①宇宙にアイデアをオーダーする

②アイデアに関連する資料をインプットする

③別のことをしてアイデアを熟成させる（一旦手放す）

④ アイデアが降りるよう誘発する（呼び水）
⑤ 宇宙から降りてきたアイデアをキャッチする

後ほど詳しくお伝えしますが、先に全体の流れをお話しします。

まず、宇宙にアイデアをオーダーしましょう。

宇宙にオーダーしたら、アイデアに必要な関連資料をインプットしましょう。

例えば、デザインのアイデアを降ろすときは、それに関するデザインの写真や資料、ピンとくるものをどんどん視覚情報として取り入れていきましょう。

このときのポイントは、しっかりと記憶しようと頑張るのではなく、心を軽やかにして、何度も繰り返し、情報をインプットしていきましょう。ページをペラペラとめくり、情報をまずは全部見るということを何度か繰り返しましょう。

そして、情報をインプットした後は、別のことをして一旦思考からアイデアのことを手放し、忘れて過ごしましょう。

この、**「忘れる」「手放す」というのが、脳の休養となり、潜在意識を活性化させます。**

どうしてもアイデアのこと、企画のことを常に頭で考えてしまう人が多いのですが、それではなかなか脳が休まりません。脳が休めないことによって、潜在意識が稼働しにくくなるのです。

この手放す作業ですが、「手放そう、考えるのをやめよう」とすればするほど、手放しにくくなりますので、「別のことに集中する」と捉えるようにしてください。

別のことに集中して過ごすことによって、その時間を使って、潜在意識が情報を整理したり、集めてきたり、アイデアを降ろすための準備を始めます。

アイデアをオーダーし、必要な情報をインプットした後に、別のことをして過ごせばいいので、脳もストレスを感じにくくなります。一生懸命考えるということが非効率だということも、理解できるようになるでしょう。

　そして、情報を熟成させた後は、アイデアが出やすくなるよう、呼び水として何度か机に向かって、アイデアを降ろすための時間を取りましょう。

　自分の内側を静かにさせて、もう一度自分の内側にアイデアを質問してみるのです。浮かんでくるものをノートなどに書き出していきましょう。

　この作業を少しずつ行います。すると、これがアイデアを降ろすための呼び水となって誘発され、あるときドサッとアイデアが降ってくる瞬間がやってくるのです。

　アイデアの降ろし方は決して曖昧なものではありません。3％の顕在意識も活用して、97％の潜在意識からアイデアを降ろしてくる準備を整えます。そしてふいに、アイデアが降ってくるのです。

　この、アイデアを降ろすための準備は思考で組み立てていきます。つまり顕在意識で組み立てていくのです。

　だから、決して、アイデアを宇宙から降ろすというのは、特別な人だけに与えられた特殊能力ではなく、誰もがその能力を発揮できるよう顕在意識で準備を整えることができるのです。

アイデアを降ろすための流れを理解した上で、ここからアイデアを降ろすためのオーダー文を作成していきましょう！

2 顕在意識の役割はオーダー文を作ること

★宇宙にアイデアをオーダーしよう

オーダー文を準備しましょう。
しっかりと頭を使ってオーダー文を考え、後は宇宙にオーダーするとアイデアが降ってきます。**ひらめきは偶然に与えられるだけではなく、自分で起こせるものなのです。**

「○○のイベントで、参加者の皆さんが笑顔で満足して帰っていただけるような企画ができた」
「読者がほっこり癒されるようなブログネタが浮かんだ」

「読者がわかりやすく理解して、日常にワクワクしながら使っていこうと思える本ができた」
「◯月◯日に発表するスピーチで、みんなの心に響く感動的な話の内容が降りてくる」
「Aちゃんのお祝いで、彼女がとっても喜んで長く使ってもらえるようなプレゼントが見つかった」

このように、オーダー文を考えるときに、そのアイデアがどんな人に伝わっていくのか、その人たちがどんな気持ちになってほしいかを具体的にイメージするとよいでしょう。

ただの「イベントのアイデアが降ってきた」というオーダーよりも、参加者にどんなふうに感じてもらえるような企画にしたいのかという想いをしっかりとオーダーするのです。ワクワクするイベント、心が癒されるイベント、勇気をもらえるイベント、愛を感じられるイベントなど、参加者にどんな感情を味わってもらうのかをイメージすると、よりエネルギーが拡大していきます。感情もエネルギーなので、感情が揺さぶられると、形以上の見えない感覚やエネルギーまで、多くのことを受け取ってもらえるでしょう。

すると、アイデアに広がりが生まれ、さらに愛が循環していくよう意図してオーダーすると宇宙の愛のエネルギーと同調して、宇宙は喜んでアイデアを降ろしてくれるのです。

アイデアを降ろすための期限は決めなくてもかまいませんが、イベントの期日がはっきりしているものは、オーダーに加えましょう。

ただし、期日が多少ずれて降りてくることもありますが、本当に最終デッドラインには間に合ってくれるでしょう。

毎日出すアイデアは、最初から毎日降りてくると意図しましょう。「毎日読者が楽しんでくれるようなワクワクするブログネタが降りてくる」というふうに、意図して日常を過ごすと、ネタをキャッチしやすくなります。

私は毎日メルマガを書いていますが、そのメルマガは、「パソコンを開いた瞬間にアイデアがひらめいてスラスラ書ける。読者の皆さんが毎日の小さな幸せを見つけられて、ワクワク過ごしていけるような元気になれるメルマガを書く。内容も、読者の皆さんに届きやすい順番で毎日配信する」と決めて書いています。

読者の皆さんから「毎朝ワクワク、メールを読んでいます」「日常が変化してきたのを感じます」「今の自分に必要なメッセージが届くのでびっくりしています」「私のことを見ていたんですか？　というくらいドンピシャなメッセージで驚きます」というメールをたくさんいただきます。

誰にどんな気持ちになってほしいかを書き加えたら、語尾は完了形「〜した」か現在形「〜する」という形で表現しましょう。慣れるまでは、紙に書いてオーダー文をしっかりと目で見て確認するとよいでしょう。

宇宙に「アイデアを教えてください」と頼むよりも、「アイデアが降ってきた」と決めた方が、降りやすくなりますので、語尾もしっかりと意識しましょう。自分が宇宙ですから、「降りてくる」と自分で決めるとそうなります。

そして、決してネガティブワードは入れないようにしましょう。慣れないうちは、ついうっかり入れてしまうものです。

例えば、「ダイエット」「痩せる」という言葉を「理想の体型」と言い換えたり、「クレームを言われないように」ではなく「満足していただけるように」と言い換えたり、「上司に怒られないように」という言葉を上司ではなく、「お客様に喜んでいただけるような」というふうに対象者を変えたりするとよいでしょう。

オーダー文作成のポイント

- **誰に、どんな気持ちになってほしいかを加えるとよい。**
- **期日があるときは、期日も入れる**
- **語尾は完了形か、現在形で、言い切って表現する**
- **ネガティブワードは、ポジティブな表現に書き換える**

★Ｌｉｇｈｔにオーダーする

オーダー文ができたら、Ｌｉｇｈｔに宇宙にオーダーしましょう。

宇宙エネルギーはとてもＬｉｇｈｔです。キラキラと輝いていて、とても軽いエネルギーです。

Ｌｉｇｈｔにオーダーすると宇宙のエネルギーと同調して叶いやすくなりますし、潜在意識もリラックスしているほうが稼働しやすくなります。

まず、体の力を抜き、リラックスしましょう。深呼吸をすると力みが取れます。慣れてくると、「リラックスしよう」と意識するだけで、すぐにＬｉｇｈｔなエネルギーになっていくでしょう。

しかし、リラックスが苦手な人は意外と多いですから、最初のうちは、意識して十分にリラックスさせるとよいでしょう。フーッと息を吐いて肩の力を抜いてリラックスするというのを習慣にしましょう。

リラックスできたら、次は軽やかな気持ちで先ほど作ったオーダー文を唱えましょう。

実際に声に出してもいいですし、心の中で唱えても大丈夫です。ポイントは、語尾に「♪」を付けるイメージで、「アイデアが降りてきた♪」と軽やかに言い切る形で唱えましょう。

いろいろと思考錯誤した結果、**右上の方をチラリ**と見ながら、宇宙にオーダーすると叶いやすいことがわかりました。右脳が働きやすくなるのかもしれません。

肉体をリラックスさせ、エネルギーをなるべくLightに、内側に静けさを感じながら宇宙にオーダーしましょう。それが一番宇宙にオーダーが届きやすい方法です。

3 アイデアをキャッチする

★別のことをして潜在意識を活性化させる

オーダーした後、待ちきれなくて、アイデアが降ってくるのを今か今かと待ち構えてしまう人がいます。すると、つい思考が働いて「まだ来ない」「やっぱり私にはアイデアなんて降りないんじゃない？」とせっかくのオーダーを打ち消すことになってしまいます。

オーダーした後は、別のことに集中して待ちましょう。

先述したように、オーダーした後は、「忘れる」「手放す」ことがベストなのですが、慣れないうちは、「忘れなきゃ！」「手放さなきゃ！」と必死になってしまい、逆に忘れられない状況を生み出してしまうことも多いものです。忘れようとすると、逆にアイデアをオーダーしたことに意識が向いてしまいます。なので、まったく別のことに集中しましょう。

別のことに意識を向けることによって、潜在意識は、オーダーされた情報を整理し始めます。別のことをしたほうが、潜在意識も宇宙も準備しやすい環境になるのです。

このしくみを知っているととても生きやすくなります。なぜなら、一生懸命考えずに別のことをしていたほうが、アイデアが降ってくるわけですから、時間の効率がよくなります。

今まで思い悩んでいた時間を、オーダー文作成した後は、他のことに集中すればよいのですから、やりたいことを同時にどんどんこなしていけるようになります。

私は頭で考えてアイデアを必死に絞り出すというのをやめて、宇宙にオーダーしてアイデアを降ろすスタイルに変えてからは、ストレスフリーな生活に変わっていきました。心も軽やかに過ごせるし、宇宙が降ろしてくれたアイデアの方が素晴らしいものなので、結果的にすべてがうまく回っていくのです。

別のことをして過ごすときは、何でもかまいません。別の仕事や家事をしたり、他にワクワクすることをしたりして過ごせばよいのです。その時間に、潜在意識が情報を熟成させ、宇宙がアイデアを降ろしてくれるのです。

★アイデアを降ろす呼び水

アイデアは、突然ドサっと降りてくることも多いですが、降ろしてくるまでに少し時間が必要です。いつ、どのタイミングで降りてくるかは、実際には予測が難しいところです。予測し過ぎてしまうと、執着になってしまうからです。

そこで、大きなアイデアが降りてくる前に、**アイデアが降りやすいように自分自身の潜在意識と宇宙を誘発していきましょう。**それは呼び水となります。

自分の潜在意識をちょんちょんとつついて刺激するような感覚で、アイデアを誘い出してくるのです。

オーダーしたらしばらくの間、オーダーのことは忘れて別のことをして過ごします。時々、そのアイデアに関する情報をインプットする時間を取ったり、机に座ってアイデアを思い浮かべる時間を取ったりします。どちらも30分くらいの時間で十分です。

ちょこちょこと自分の内なる宇宙を刺激しておくのです。するとあるときドサッとアイデアの全貌が降りてきます。

または、アイデアが小出しに降りてくることもありますので、小さな断片的アイデアがやってきたときは、メモをして忘れないようにしましょう。

呼び水は、オーダーを忘れられずに執着している状態とは違います。日常の目の前のことに集中して過ごし、時々、時間をとって、アイデアを誘発してくる方法です。

オーダーする

↓

目の前のことに集中して忘れて過ごす

↓

必要な情報をインプットする

↓

目の前のことに集中する

↓

アイデアを小出しにする時間を取る（30分程度）

↓

目の前のことに集中する

これらを繰り返しているうちに、あるときドンとアイデアが降りてくるでしょう。

アイデア出しの時間は、30分でなくても、10分でも大丈夫です。**短い時間でもそこに意識を集中することによって、アイデアを誘発することができます。**

今まで、アイデアが全然浮かばないまま机に向かって、ただ浪費していた時間を分解して、隙間時間をうまく使ってアイデアが降りてくる準備をしましょう。

★アイデアはあらゆる形でやってくる

あなたは、「アイデアをキャッチしなければ！」と身構える必要はありません。**リラックスしているときや、何か別のことに集中しているときにアイデアは降りてきますので、心を楽にして待ちましょう。**

アイデアがきちんと降りてくるのだろうか？　と心配に思うのであれば、「私がしっかりと理解できる形でアイデアが降りてきた」とあらかじめオーダーしておきましょう。

そして、アイデアは、いろいろな形であなたの元にやってきます。

自分の内側にビジョンとしてドンと概要が降りてくることもあれば、スラスラと文章となって降りてくることもあります。

必要なアイデアが、人と話しているときに浮かぶこともあれば、本を読んだりテレビを見たりしているときにやってくることもあるでしょう。お風呂に入っているときや通勤中にパッと降りてくることもあります。あらゆる場面でアイデアは降ってきます。それも、**いつも自分の内側にしっかりと注目していたら、降ってきたアイデアを逃さずキャッチできるでしょう。**

アイデアは、映像で大枠が見えることもありますが、それは意外と少ないでしょう。「アイデアが降りる＝映像が見える」と思っている人も多いのですが、実際は、あらゆる形でやってきますので、映像などの視覚的なものにこだわりすぎないほうがキャッチしやすくなるでしょう。

個人差はありますが、概念として無形のものとしてやってくることも多いものです。

私も、本の内容などは概念としてやってきます。その概念と一緒にエネルギーもドンと降りてくるので、そのエネルギーにアクセスして執筆するようにしています。

最初にある程度構想して書き進めていた文章が、呼び水となって、本当の核となる部分が後からやってくるということはよくあります。

すると、前半に書き進めていたものは、エネルギーのズレが生じることがあるので、書き直すことも多いのです。途中からドンとやってきて、方向性が少し違ったなと思ったら、思い切って軌道修正しましょう。やはり**降りてきたアイデアのほうが、当初予定していたものよりも、大きくて深い内容になるケースがほとんどです。**

例えば、私も本を執筆するときに、最初は「ワクワクを叶えていく本を書こう」と思ってそれにふさわしい内容が降りてくるようにオーダーしても、実際は、「ワクワクを叶えるよりも、ミッションを叶える本にしよう」と本来のテーマがさらに深まることがあります。

アイデアは生き物です。予定通りではなく、予定を超えたものが降りてくるというのが、まさに宇宙とつながった状態なのです。

発想を柔軟に持って、キャッチしたアイデアを大切に活用していきましょう。

4　アイデアのブラッシュアップ

★良質なアイデアを受け取るためにもオーダー文を良質に！

やってきたアイデアを紙やパソコンなどに書き出したら、俯瞰しましょう。そしてやってきたアイデアがもしも物足りなく感じたなら、オーダーの文章をもう一度見返し、良質なオーダー文へと書き換えましょう。

アイデアのまとめ方は、次の第5章でお伝えしますので、楽しみにしていてくださいね。

まずは良質なアイデアを降ろしていくということをしっかりと習得していきましょう。

受け取ったアイデアが、もうちょっと具体的だったならよかったな、もうちょっとワクワクするものだったらよかったな、今度はこの角度からアイデアを降ろしてみようなど。やってみてもっとこうしたほうがよかったと感じるところを、最初に作ったオーダー文に付け足して、もう一度オーダーし直しましょう。

★受け取る感度を磨こう

アイデアを受け取ったときの感覚を記憶しましょう。

記憶することで、**あなたはどんなときにアイデアが降りてくるのか、自分自身を知り、アイデアを降ろしやすい環境を整えることができるようになります。**

ただ、ひらめいた、アイデアが降りてきたということだけで片付けず、いつ、どんなふうにアイデアが降りてきたのか、何をしているときに降りてきたのか、どんな感覚としてやってきたのか、視覚的だったのか、概念としてやってきたのか、誰を介してアイデアがひらめいたのか？　などを自分でしっかりと振り返りましょう。

すると、自分にとってのアイデアが降りやすい傾向がわかるようになります。

その傾向とパターンをいくつかストックしていくうちに、**自分独自のアイデアの降ろし方**を見つけることができるようになるでしょう。

私の場合、お風呂の中でアイデアが降ってきやすかったり、朝起きてすぐにふとひらめいたり、文章が降りてきたりします。

そういう自分にとってのアイデアを降ろす特徴をいくつか知っておくと、それらをアイデアを誘発させる呼び水として、活用することができるのです。

そして、どの時間帯に情報をインプットしたら自分の中に入りやすいか、どの時間帯にどんなふうに呼び水をすれば降りやすいか、オーダー文はどこまで詳しく書くとよいかなど、自分で研究しましょう。

自分を知れば知るほど、アイデアはどんどん降りてくるようになりますので、ぜひ、自分自身のアイデアを降ろすオリジナルの方法を見つけていってくださいね。

第５章 アイデアを宇宙視点でまとめよう

1 テーマを決める

★何を伝えたいか、核を決める

アイデアをまとめるときは、最初にテーマを決めましょう。このテーマは、ときに微調整することもありますが、それは、アイデアを形にしていく段階で、本来のテーマがより「深まる」と捉えるとよいでしょう。

アイデアは生き物ですから、絶対にコレと決めつけすぎないほうがいいのですが、まずは目的地をきちんと見据えて進んでいくことは大切ですので、そのためにもテーマを決めましょう。

このテーマ決めがとても重要なポイントです。

なんとなく進んでしまって、行き先はどこだったっけ？　となるよりも、目的地を見据えて進んでいく。そうしたら、結果、思っていたよりももっと先に、真のゴールが待ち構えていたということはよくあります。

テーマとは、「あなたが何を伝えていきたいのか」「このアイデアを通して何を遂行したいのか」という核の部分です。

本で言えば、タイトルであり、一冊を通して一番伝えたい核の部分です。

どんな企画でも、どんなアイデアでも、この核の部分がとても大事になります。

どうしたらいいか？　ではなく、**あなたが何を伝えたいか？**　ということがとても大切になってきます。

イベントでも、何を一番のテーマとして伝えたいのか？　ここがしっかりと決まっているのと決まっていないのでは、参加した人への伝わり方が大きく変わってきます。

誰かの借り物ではなく、「あなたがどうしたいか？」「何を伝えたいか？」というあなたの想いが一番大切となってくるのです。

何かを見たり、参加したりして、「メッセージがよく伝わってくるな〜」「心に沁みるな〜」と感じるものは、テーマ、核がしっかりと決められているのです。

核がしっかりしているところに、部分が集まると、それはただの足し算ではなく、何乗にもなって大きな影響力をもたらすのです。

★テーマは、魂と宇宙に聞こう

テーマは、「こんなのが売れ筋だろう」と頭で考えて創られたものでは、そこそこの影響力しか発揮しません。人のコピーだとエネルギーが乗らないので、大きく循環していきません。

自分の魂は、何をしたいと思っているのか？
宇宙は私に何をさせたいと持っているのか？

これを魂と宇宙に聞くようにすると、テーマは広大で、深いものとなるでしょう！第６章でお伝えする、宇宙との対話も取り入れるとよいでしょう。

頭で考えるということは、たった３％の顕在意識のみで考えようとしていることになります。テーマという核の部分は、思考ではなく、潜在意識から取り出してきたもののほうがよいです。

テーマを元に生み出されたアイデアの数々を取りまとめるのが顕在意識の役目です。どの意識も大事です。特徴を活かして使い分けていきましょう。

テーマを決めるときには、そのテーマをより深く掘り下げていきましょう。

私は、本書と同時進行で手帳を執筆したのですが、最初は「どうしたら一年間をワクワク過ごせる手帳になるか」というテーマで進んでいましたが、宇宙に聞いてみたところ、「自分とつながって宇宙とつながって、この奇跡の一生の一度しかこない今日という日を大切に過ごすための手帳」というテーマが降りてきました。

このメッセージが降りてからは、途端に視野が広がり、アイデアもどんどん降ってくるようになったのです。それまでは、たった一年間使うものという視野で捉えていた手帳が、人生という大きなビジョンの中の貴重な一年間だということに気づかされたのです。そうなると、作り手としての視野が、「一年間」から、「人生」へと大きく変わりましたから、当然出てくる発想も変わっていったのです。

このテーマというのも、実際に進み始めるとさらに深まっていくものです。

まずは一旦こうしようと決めて動き、その中で「テーマを深めていく」という意識で行動していきましょう。

2 アイデアの全体を見渡すために

★ひらめきは、大きな一枚の紙に書き出そう

これからお伝えする方法は、いろいろな仕事や、自分のやりたいと思っていることのアイデアを出していくのに役立ちますが、それだけでなく、文章を書くのが苦手な人にもとても有効です。ブログがうまく書けない、絵本を作りたいけどアイデアがうまく出せない、いつか本を出版したいけどどうまとめたらいいかわからないという人にもオススメです。

それでは、早速やってみましょう。テーマを決めたら、次はどんどんアイデアを出していきます。第４章でお伝えした宇宙からアイデアを降ろす方法も活用しましょう。

第6章の宇宙との対話を活用して、アイデアを降ろすこともできます。

出てきたアイデアは、一枚の紙にすべてを書き出しましょう。私は**必ず一枚の紙に書く**というのにこだわっています。何枚かのページにまたがってしまうと、アイデアを俯瞰しにくくなるからです。**切れ目のない、一枚の紙に書かれていると、全体像が一度に見渡せる**のでオススメです。

私はいつもスケッチブックを活用しています。紙は、罫線などのない白紙がオススメです。やはり線で区切られている紙よりも、自由な発想が湧きやすくなるからです。

それでは、大きめの白紙を一枚用意しましょう。そこに、決めたテーマから思い浮かんでくる言葉をすべて書き出しましょう。

★浮かんでくるワードをすべて書き出す

紙を準備したら、最初に、紙の中心にテーマを書き出して、丸で囲んでください。そのテーマに基づいて、浮かんでくるワードをひたすら書き込んでいきます。ここでは綺麗にまとめる必要はありません。書きなぐるくらいの勢いで、どんどん書き出していきましょう。綺麗に書くことが目的ではなく、ここでは**アイデアを泉のように出していくことが目的です。**まとまったアイデアである必要はありません。

時間を決めて書くようにするとさらに集中できるでしょう。例えば5分間集中すると決めて、スマホなどのタイマーをセットして書き進めましょう。いつも以上に集中してアイデアが出てくるはずです。

テンポよく、思考を介入させずにどんどん書いていくと、潜在意識が働きやすくなります。5分経ってもまだ出てくるようであれば、出し尽くすまで書くとよいでしょう。

ここでは、単語でひたすら書き出してもいいですし、文章が出てきたら、文章を書きましょう。図や絵が浮かんだらそれを書いてもよいです。この段階では、ただ内側からアウトプットすることだけに集中してください。

　紙にどのように書いても自由です。一旦すべてを書き出すことに集中しましょう。

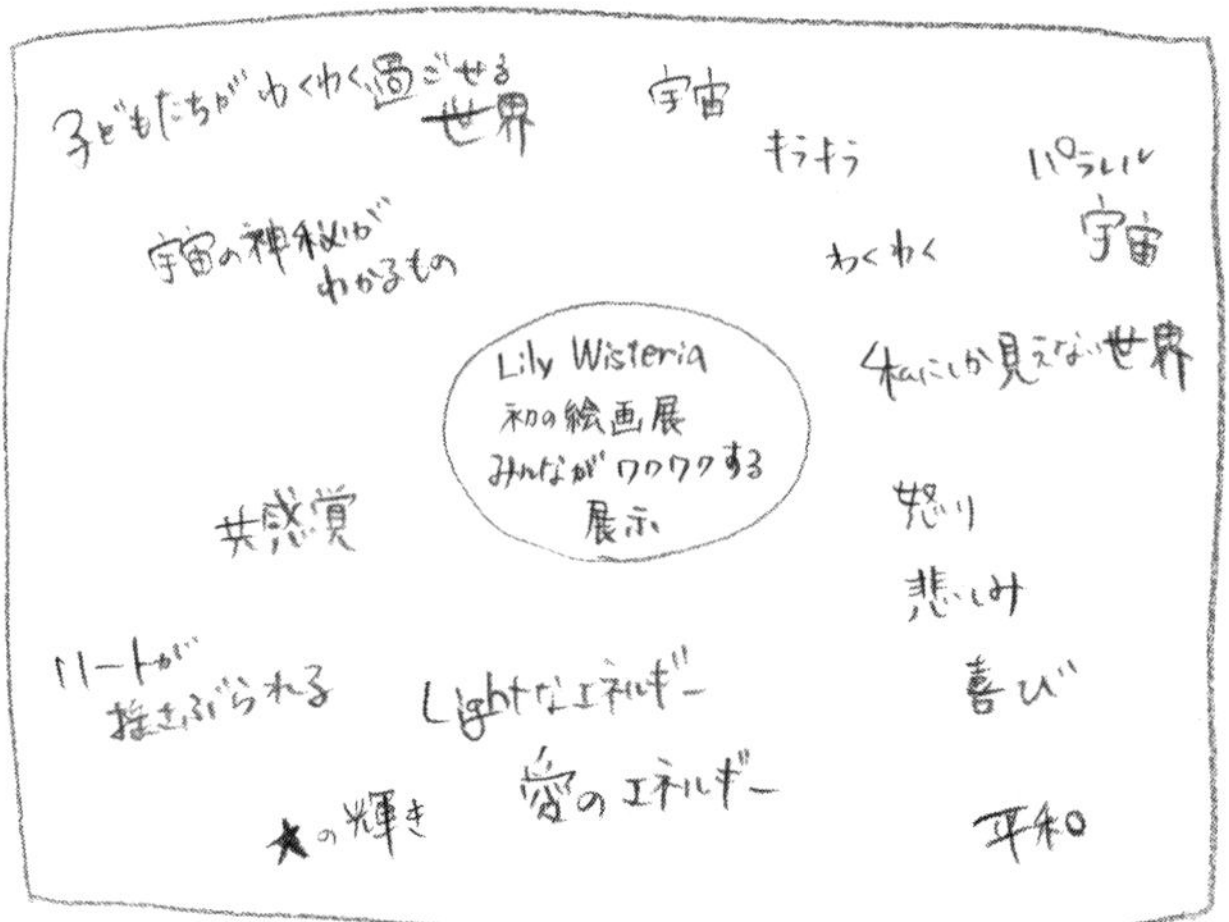

3 宇宙視点で俯瞰する

★浮かんできたワードをグループ分けする

書きあがったら、紙全体を俯瞰しましょう。そして、その中から共通点を探し、大きくいくつかのグループに分けるのです。

まずは何色かのカラーペンを準備してください。そして、グループごとに色分けしてその単語にカラーペンで丸をしましょう。これとこれは同じテーマだな、こっちは別のテーマだな、というふうに分けていきます。

自分の中から出てきたアイデアを客観視するのです。

例えば、私も「Lily Wisteria 初の絵画展　みんながワクワクする展示」を一つのテーマとして、浮かんでくる言葉を5分間書き出してみました。

すると、こんな言葉が浮かんできたのです。

「宇宙　キラキラ　わくわく　宇宙の神秘がわかるもの　同じものは感じていないだから何？　それでいい　みんな違う世界を生きてる　共感覚　近くの世界を刺激するもの　子ども達も参加型　平和　心の平和　感情　感情を感じるもの　怒り　悲しみ　喜び　嫉妬　どんな感情も魂の喜び　愛のエネルギー Light なエネルギー　私の見た世界　私の見た宇宙　パラレル宇宙　宇宙の采配　愛の循環　何かに恋する気持ち　みんなの魂　★の輝き　時間は命　パラレルの世界　この世界の美しさ　大きなビジョンを細部に　楽しんで描くこと　愛と夢と希望　子ども達がわくわく過ごせる世界　大人が童心に帰れる世界　私にしか見えない世界　私が見ている世界　同じものを見てる？　同じものを聞いてる？　ハートが揺さぶられる」

という言葉が、一枚の紙に出てきました。

これを眺めると、「感情」「世界」「宇宙」「平和」とグループ分けすることができました。

「感情」のグループは、「わくわく　感情　感情を感じるもの　怒り　悲しみ　喜び　嫉妬　どんな感情も魂の喜び　何かに恋する気持ち　ハートが揺さぶられる」

「世界」のグループは、「同じものは感じていない　だから何？　それでいい　みんな違う世界を生きてる　共感覚　近くの世界を刺激するもの　愛のエネルギー Light なエネルギー　時間は命　パラレルの世界　この世界の美しさ　愛の循環　子ども達がわくわく過ごせる世界　大人が童心に帰れる世界　私にしか見えない世界　私が見ている世界　同じものを見てる？　同じものを聞いてる？」

「宇宙」のグループは、「宇宙　宇宙の神秘がわかるもの　私の見た宇宙　パラレル宇宙　宇宙の采配　みんなの魂　★の輝き」

「平和」は、「平和　心の平和　愛と夢と希望」

このように、グループ分けすることができました。

また、これらのグループに加え、「エネルギー」というグループを設定してもよさそうです。

これらのグループに所属しなかった言葉もありますが、分類できないものは、そのまま置いておきましょう。


あなたの頭の中やイメージの世界や、潜在意識の中に眠っていることを一旦書き出すことによって、スッキリ整理することができます。

では、これらを、宇宙の視点から俯瞰していきましょう。

★宇宙の視点で俯瞰してまとめよう

宇宙の視点になって、一枚の紙を俯瞰しましょう。

あなたの等身大の姿で、アイデアを試行錯誤しようとすると、いろいろな雑念が入りやすくなります。立ち位置が日常の自分なので、日常のこまごまとしたことにも意識が向いてしまい、「いや、これをやるには周りの人の反対が……」「これをやるにも、お金がないしな～」「こんなの面白いと感じる人いるのかな」などといろんな雑念が浮かんでくるでしょう。

まずは、今いるあなたの視点からこのアイデアを眺めるのではなく、宇宙の視点になって、高いところから眺めましょう。**宇宙の視点から見ると、全体が俯瞰して見え、思いつかないようなアイデアが浮かんでくることがあります。**日常の視点から切り離されるので、新たな発想が浮かびやすくなります。

それでは、一枚の紙を眺めてください。そのときに、あなたは宇宙になりきって、宇宙からこの一枚の紙のアイデアを俯瞰している気分でゆったりと眺めてみましょう。宇宙のように高い場所から、今出てきたアイデアをリラックスしながら眺めていくのです。

もし、あなたが何かブログを書きたいのであれば、一つの記事にまとめるとしたら、それらのグループをどんな順番に並べると読者に伝わりやすいか、宇宙になりきって組み立てましょう。または、一つの記事に盛り込むには、内容が多過ぎると感じた場合は、いくつかの記事に分類したりしましょう。どうしたらよいかは、宇宙の視点から見て、決めていきます。

例として、私のアイデアをもとに見てみましょう。
先ほど分類した「感情」「世界」「宇宙」「平和」のグループは、「感情」をテーマにして描く絵のコーナー、「宇宙」をテーマにして描く絵のコーナーというのも作れますし、はたまた、「感情」「世界」などのグループ自体を個展のメインテーマとして、4回の個展が開催できるかもしれません。

本を書きたいと思っている人は、目次分けすることもできるでしょう。
絵本を書きたい人は、登場人物の性格や個性、ストーリーの展開などが俯瞰して浮かんでくるかもしれませんね。

イベントを企画している人は、イベントの構成、どのように時間と空間を活用していくのかが、整理されて見えてくるのではないでしょうか。

きっと、新たなアイデアもたくさん湧いてくるでしょう。


私は本を書くときに、必ず**全体像から細部を書いていきます。**全体像がないと、着地点がわかりにくいからです。逆に、全体をもとに細部を書いていくので、読みやすいと感じていただける方も多いようです。

皆さんにも、アイデアのテーマ、そして、骨組みをしっかりさせてから細部を作り上げていくと、ブレのないアイデアが出てきますし、たくさんの人に伝わりやすい形になっていくでしょう。

テーマ、骨格がしっかりしている方が、新たなアイデアも湧きやすくなり、細部に工夫を散りばめていけるようになるでしょう。


ちなみに、「紙に書く」とは、「神に書く」ということでもあります。

私は、アイデアを出すときは、必ずペンとスケッチブックというアナログな方法でやっていきます。その方が、アイデアが降りやすいからです。宇宙との対話はパソコンですが、アイデア出しは、紙を使います。自分が一番降りやすい方法を活用するのが一番です。いろいろ試して、アイデアの降ろし方を研究してみましょう！

4 宇宙の愛のエネルギーを込めて伝えよう

★アイデアの先には、たくさんの人の笑顔が広がっている

あなたがまとめたアイデアの先には、たくさんの人が待っていることを想像しましょう。ブログも本も読者がいます。イベントには参加者がいます。
仕事の企画も、その先にはお客様や、それを利用する人たちがいるのです。

アイデアをまとめるときは、頭で考えると一生懸命自分の中から絞り出すことばかりに集中してしまうかもしれませんが、１枚の紙に書いたり、アイデアを降ろしたりする方法を活用するようになると、潜在意識も働いて、スラスラとアイデアが降りてくるようになります。

そうなったら、次は、その先に待っているたくさんの人の笑顔をしっかりとイメージしましょう。すると、自然とあなたのアイデアに愛のエネルギーが乗ってくるでしょう。

ただのアイデアなのか、その先に愛が広がっていくものなのかで、エネルギーが大きく変わります。エネルギーが大きければ、自然と人が集まってきたり、多くの人の元へ広がっていったりするのです。

よく、SNSで拡散する方法、ブログ等のアクセスアップの方法などが紹介されていますが、愛のエネルギーが込められたときは、小手先ではなくさらに大きく拡散していきます。

特に口コミが生まれやすくなります。さらにはメディアに取り上げてもらえるというビッグチャンスが舞い込んでくることもあるでしょう。

あなたがアイデアを組み立てていく段階でとても大切なのは、笑顔が広がっていくことをイメージすること。そのためには、愛が広がっていくにはどうしたらよいかを考えて実際に取り組んでいきましょう。

★自分にとってのワクワクひらめく形を研究しよう

このようなステップを踏んで、アイデアを出したり組み立てたりするようになると、あなたはどんどんひらめき体質になっていきます。

私自身も、まったくアイデアが湧かずに苦しんだ時期がありましたが、「アイデアの降ろし方」と、「自分自身はどんなふうにアイデアを受け取るのか」を研究した結果、今ではいろんな場面でひらめいたり、アイデアがどんどん湧いたりするようになりました。

これらの方法を活用したり、さらに自分が使いやすい方法にアレンジしたりしながら、あなた自身の脳に革命を起こして、ひらめき体質になっていくよう工夫してみてください。

私自身は、「アイデアを出すときには、ここのカフェが降りやすい」など、空間にもこだわっています。意外と、自宅ではアイデアを出すということはしません。**非日常の空間のほうが、脳が刺激されてアイデアが降りやすくなるからです。**

でも、実際の作業や執筆、創作は、自宅やアトリエで行います。

これはあくまでも私のスタイルですが、あなた自身もアイデアを降ろすときはどこがいいのか、ペンやノート、付箋、パソコンなど、どんなアイテムを使ったらワクワクするのかを研究してみてください。

ポイントはやはり自分がどのようにしたらワクワクするかということです。**ワクワクから生み出されたアイデアには、ワクワクのエネルギーが乗っています。**

必死になって絞り出されたアイデアには、必死のエネルギーが乗っています。すると、読者や参加者は、そのアイデアに触れたときに、無意識的にそのエネルギーをキャッチしてしまうのです。

今、私自身もこの本を執筆しているのですが、今回は「ピアノを弾いているような」感覚で、ワクワク軽やかにタイピングしながら執筆しています。そのワクワク感が、読者の皆さんにも伝わるといいなぁと思っています。

ぜひ、あなたも自分がワクワクひらめくスタイルを確立して、ワクワクのアイデアをたくさんの人と共有していきましょう！　宇宙もそれを望んでいるでしょう。

第6章
宇宙と対話する方法

1 ダイレクトに宇宙と対話しよう

★あなたが問いかければ、宇宙は答えてくれる

宇宙はいつでもあなたと対話するのを待っています。宇宙との対話は、あなたが望めばいつでもすることができます。

私は、今まで自分の人生の問題を解決したくて、たくさんの本を読んできました。本にはたくさんの人の叡智がつまっていて、感銘を受けたことを実際に行動に移すと、自分の人生が少しずつ変化していきました。多いときは、年間数百冊読んだこともありました。

でも、最近は、自分自身が作家になり、インプットよりアウトプットのほうが多く

なりました。自分の言葉で文章を書くことを大事にしているので、あまり影響を受けないようにするためにも、本を以前ほどたくさん読まなくなったのですが、読書量が減ったのには、もう一つ理由があります。

それは、**宇宙と対話**ができるようになったことです。

宇宙と対話するようになったことで、自分が疑問に思ったことを宇宙に聞いてすぐに答えが得られるようになりました。個人的な悩みにはほとんどすぐに解決策やアイデアを宇宙から教えてもらえるようになったのです。

ただ、世の中の流行など、そういった情報は宇宙から詳細には得にくいので、いろいろなところから情報を得ることには大きな意味があります。

ですが、今すぐ解決したい個人的なことや、宇宙の普遍的なことに関しては、宇宙と対話して、答えを得ることができるようになりました。

あなたはこれまでに、宇宙と対話をしようと思ったことがありますか？

宇宙と対話できるということすら考えたこともなかった人もいるでしょう。

宇宙は、あなたが話しかけると答えてくれます。あなたの魂と同様に、会話をすることができるのです。

そして、**宇宙はたくさんの情報を持っていて、あなたに必要な叡智を与えてくれます。**

★宇宙とＬｉｌｌｙの対話

私はいつも疑問に思ったことや知りたいこと、仕事や講座のアイデア、原稿のこと、なんでも宇宙に聞くようにしています。

第４章の宇宙からアイデアを降ろす方法も実践していますが、もっと素早くアイデアを得たいときは、宇宙との対話がオススメです。両方のやり方を併用するとよいでしょう。

実際に、私と宇宙の対話をご紹介しますね。

宇宙さんへ
この本のプロローグの内容をどのように書いたらよいか教えてください。

本書でも紹介している宇宙との対話によって、作られているということも加えよ
日常の情報処理にとどまらず、宇宙から情報がキャッチできるようになったら、も
っと効率的かつ素晴らしいアイデアが降ってくること
これは、特別な人に与えられた能力ではなく、すべての人が眠らせている能力で
あるということ

巷に溢れる情報だけでなく、自分の内側には無限の貯蔵庫が眠っていて、そこに
アクセスすることによって、能力は開花されていくということ
自分の宇宙とつながるためにも、日常の情報を潜在意識（自分の中の宇宙）にイ
ンプットして、熟成させ、アイデアとして孵化させることもとても大事である

ほんの簡単なコツがあるということ

自分の内側を見つめないと、自分の中にやってくる答えはキャッチできない

逆を言えば、誰にでも、宇宙から情報が与えられているということ

誰でも使える能力で、インプット・アウトプットとは、要は、自分というパイプを通過させて、宇宙のエネルギーを循環させていく行為である

もし、一人ひとりが自分の能力にもっと関心を向けたら、もっと幸せで穏やかな世界が待っている

それは、変に人と比べたりすることもなくなり、自分の能力開花に集中できるようになる

すると、人生はますます美しく輝いていく

一人ひとりが愛を持って地球にアウトプットしていけたら地球がもっともっと平和で幸せな世界になることを信じて、この本を書き進めていきます。
宇宙さんへ、自分の体験はどのように書いたらいいですか？

かつて、自分もアイデアが出てこなくて枯渇したことをかけ
見えないものは、わからないと思っていた時代

フィルターが大事
自分のクリアなフィルター

霊的な能力が必要なのではなく、自分の視点を通して、世の中をクリアに見ていく力
これができれば、宇宙とつながって、たくさんの情報をキャッチすることができる

こんなふうに宇宙は答えを返してくれました。

そして、宇宙との対話の方法を講座で教えたら、受講生のほとんどの方が宇宙と対話できるようになっていきました。これは特別な能力ではなく、自分を見つめるということがしっかりとできるようになると、誰にでもできるようになるものだと実感しています。

2 宇宙との対話を記録する

★紙、パソコン、録音、自分に合うもので記録しよう

では、早速あなたも宇宙との対話をやってみましょう！

ノートとペン、もしくは、パソコンか、音声を録音できるものなど、どれか好きなものを選んで準備してください。

私はいつも、宇宙との対話はパソコンのメモ機能に記録しています。パソコンに直接宇宙への質問をタイピングし、キャッチしたメッセージもまたタイピングしていきます。

私がパソコンを選ぶ理由は、紙とペンで記録するよりも速くタイピングできるからです。キーボードの位置を覚えていて、ほぼ無意識の状態で打ち込んでいくことができるので、浮かんできた情報をダイレクトに記録しやすいからです。

あなたにとって、やりやすい方法を使って、宇宙との対話を記録していきましょう。

ノートとペンが一番スムーズだという人もいれば、直接話している内容を録音した方がいいという人もいるでしょう。自分にとって心地よくできるものを選びましょう。

★宇宙との対話は、あなたの財産になる！

宇宙との対話は、とても貴重な財産となります。迷ったときに、誰かに相談するのもいいけれど、自分が宇宙に直接聞けるようになると、誰よりも頼もしく心強い相談相手となるでしょう。

いろんな人からアドバイスを受けたとしても、自分が宇宙と対話して得たメッセージは、一番「納得度」が高い感覚を得られます。あなたの内側から湧き出てくる言葉は、宇宙の言葉ですが、あなた自身の言葉でもあるのです。

だから、その宇宙の言葉に従って行動することと、自分の心と行動を一致させることはイコールになるのです。

自分の中の宇宙とつながって出てきた言葉は、何よりもパワフルで、一番腑に落ちるアドバイスがもらえるでしょう。

そしてさらに、記録として残ることによってあなたの人生を導いてくれる指針となり、財産となるでしょう。

3 いざ、宇宙に問いかけよう

★自分の内側にやってくる感覚をキャッチする

あなたが今聞きたいことを、何でも宇宙に質問してみましょう。

ここでもやはりリラックスが大切です。リラックスすることで宇宙からの声を受け取りやすくなります。

「宇宙さんへ」と書き、そのままあなたが聞きたいことを紙に書き出しましょう。

質問を書き終えたら、自分の内側を静かにして、宇宙からメッセージがやってくるのを待ちましょう。

質問を書いた後すぐにメッセージがやってくることもあれば、数分の時間を要する場合もあります。自分の内側に注目し、心と思考を静かにさせて、やってくる感覚を待ちましょう。

宇宙からの声は、あなたの外側からやってくるのではありません。あなたの内側に湧いてきます。

声が聞こえる人もいますが、ほとんどの場合、「こんなふうに言われているかも」という小さな感覚としてやってきます。

あなたが感じ取ったメッセージをまずは書き出しましょう。

答えがどんどんやってくる人は、自分が満足するまで宇宙と対話を続けましょう。

★一旦すべて受け取ることが大事

宇宙と対話をしていると、「もしかしてこれは、自分の思考が喋っているんじゃないか？」と不安になることもあるでしょう。
それでも、宇宙に話しかけて感じたことは、一旦素直に全部を書き出しましょう。**半信半疑であっても、まずは一旦すべてを受け取ることで宇宙との回路が開いていきます。**

ポンと一つの単語が浮かんでくることもあります。文章でやってくる人もいれば、イメージが浮かんでくることもありますし、光を感じたり、何か象徴的なものを見たりすることもあるでしょう。

ほんの少しの単語であっても、まずはあなたのノートに書き出してください。そうすることによって、宇宙の声が、徐々に引っ張り出されていくでしょう。

慣れてくると、質問を書き出している最中に、答えが浮かんでくることもあります。でも、最初は、ほんの少しの小さな感覚を受け取ることから始まるのです。

浮かんできたことを気のせいで済ませてしまうと受け取れません。「これって本当に宇宙の言葉？」と思っても、一旦まずは受け取りましょう。

一旦すべてを受け取ることによって、宇宙に「あなたのメッセージを受け取ります！」と宣言していることになります。すると、宇宙はますます喜んで情報を与えてくれるようになるでしょう。

エネルギーの循環が大切ですから、「与える」と「受け取る」の両方がバランスよくできるとよいのです。

宇宙にお願いばかりするけれども、宇宙からのメッセージは半信半疑で受け取りません、という状態ではエネルギーの循環がうまくいきませんね。

器を大きく広げて宇宙からのメッセージを受け取りましょう。

そして、受け取ったメッセージを、愛を持って循環させていきましょう。

4 宇宙との対話は愛に溢れている

★宇宙からのメッセージと思考を見分けるには

宇宙からのメッセージと、あなたの思考とを見分けるのは、まずは一旦すべてを書き出してからにしましょう。

書き出している最中に、「これは、宇宙か？　思考か？」とジャッジし始めると、メッセージの流れがストップしてしまいます。

一旦全部出し終えてから見分けていくとよいでしょう。

宇宙からのメッセージを見分ける前に、日頃から自分自身の内側の声に注目しておく習慣を持ちましょう。

自分自身を日々しっかりと見つめられている人は、自分の中に湧き起こるたくさんの声の微妙な違いを感じ取ることができます。

これは思考からくる声、他人の意見に惑わされている考え、自分の魂の声、自分の本心、表面的な心……というふうに、自分の中に湧いてくる声がどこからきているのかがはっきりわかるようになるのです。すると、宇宙と対話しても、宇宙からの声か、自分の思考かが迷わず瞬時に見分けられるようになります。

宇宙とつながりたいのなら、やはり自分自身としっかりとつながることが大切なのです。

これは、サイキックな能力ではなく、誰でも自分自身を見つめるようになると、見分けることができるようになります。

私自身も生まれつきサイキックな能力は持ち合わせていませんでしたが、自分を見つめることを徹底して行った結果、自分の中のあらゆる声を見分けられるようになっていきました。

そして、その結果、リーディング（霊視）能力が備わり、宇宙と対話ができるようになったのです。

自分の内側の声は、自分の体のどこからきているのか、その声はどんなエネルギーをしているかをよく観察しましょう。するど、一つひとつの声が、思考なのか魂の声なのか、表面的な心なのか本心なのかがしっかりと見分けられるようになります。

思考の場合は、体の部分で見ると頭で考えていますし、魂の声はもっと深く、鳩尾や丹田あたりから感じられます。本心と魂の声はほぼ一緒だと思っていいでしょう。

魂の声と宇宙の声も、本質的にはほとんど同じことを発しますが、それがよりパーソナルな声なのか、もっと広い視野から見た声なのかという違いがあるように感じています。

エネルギーという観点から見ると、宇宙の声は愛に溢れていて、魂は力強く、雑念や表面的な心の声はふわふわしていて落ち着きがありません。

そんなふうに、内側で湧き起こる声をしっかりと客観視できるようになると、あなも迷わず宇宙の声を感じ取ることができるようになるでしょう。

★宇宙からのメッセージは愛に溢れている

宇宙は愛でできていて、宇宙と思考の大きな違いは、愛のエネルギーが感じられるかどうかです。

ここで、「愛のエネルギーってどんなものだろう？　よくわからない」と感じてしまう人は、自分自身を十分に愛せていないのではないでしょうか？

「愛のエネルギーがわからない」と感じている人はたくさんいるのですが、そうつぶやく人達を観察すると、共通点が見えてきます。それは、「自分を愛していない」という点でした。

自分を愛している人は、愛のエネルギーを感じられるようになります。宇宙の愛を感じられる人は、自分を愛している人です。

他人ばかりを一生懸命愛していても、実はこの愛のエネルギーは感じにくいのです。自分自身を愛することができるようになると、世の中には愛のエネルギーが溢れていて、そのエネルギーが循環しているのを感じられるでしょう。

そこが見分けられるようになると、宇宙とはもうつながったようなものです！

宇宙は愛でできていますから、宇宙からのメッセージは愛が溢れています。宇宙が与えるたくさんの叡智もまた、広い視野と的確なアドバイスとともに、愛のエネルギーが溢れ返っています。

宇宙は、誰かを苦しめたり、あなた自身を困らせたりするようなことは言いません。ああ、もっと自分の可能性を信じていいのだ、もっと幸せになっていいのだということに気づかせてくれるでしょう。

5 宇宙とのつながりを強化しよう

★自分の内側を見る習慣が宇宙とのつながりを深める

宇宙とのつながりを強化するために、自分の内側を見る習慣を身につけましょう。

宇宙の愛のエネルギーとつながるには、自分を愛することが必須です。

自分を愛するとは、「自分を見て、ジャッジせず、ありのままに受け入れる。そして、やりたいことを行動する」ということです。それが**自分への無条件の愛**なのです。

自分を見ても責めていては大切にしているとは言えません。

自分の心を受け入れても、行動しなかったら愛せているとは言えません。

これらを忠実に日々の中で行っていけるようになると、あなたの中から愛のエネルギーが溢れ出すでしょう。すると、宇宙からのメッセージをしっかりとキャッチすることができるようになります。

あなた自身を受け入れていくと、あなたの内側は、クリアな状態になります。どんな賑やかな雑踏の中にいても、あなたの内側に静けさを感じられるでしょう。それはつまり、雑念が少ない状態です。だから、宇宙に質問して、あなたの中に湧き起こってきた答えを瞬時にキャッチすることができるのです。

多くの人は、雑念にかき消されて、宇宙の声をキャッチできないのです。まだまだ宇宙の声が聞こえないと感じる人は、第3章でご紹介したデトックスノートを毎日続けるとよいでしょう。

宇宙とは、日々自分を見るという積み重ねによってつながることができるようになります。

これは、特別な瞑想をしたり、修行をしたりしなくても、**自分自身をしっかりと見**

つめ、自分を受け入れ、愛していくことによって、自然と宇宙とつながれるものなのです。

私自身も、宇宙とのつながった感覚は、ごく普通の日常の中でやってきました。

「特別なことをしないと宇宙とはつながれないのでは？」と思っている人も多いのですが、実際は、**日常こそが一番の大切な学びの場**であって、日々の自分を見つめることによって、体得できるものなのです。

日常の中で、困ったことが起きたら、なんでも宇宙に相談する習慣を持ちましょう。

周りの人に相談する以上に素晴らしい答えが返ってくるでしょう。

そして、答えがあやふやであっても、宇宙に質問する習慣を持つと、必ずつながれるようになりますので続けてみてくださいね。

★どんなことでも、宇宙に質問してみよう！

私は、日常のあらゆることを宇宙に聞いています。

まるで日記を毎日つけるような感覚で、パソコンを開いては、「宇宙さんへ……」と対話を始めるのです。

仕事のことや、ふとした疑問、さらには書籍の内容や目次、加えたほうがいい文章などなんでも聞きますし、書き進め方なども聞きます。

すると、こんなふうにやったほうが執筆しやすいという具体的なアドバイスがもらえるのです。私は全国で講演をしながら、その隙間時間で執筆をしていますので、ゆっくりと書き進める時間もなく、一番効率よく書けて読者の皆さんに満足していただけるにはどうしたらよいかを、自分でも考えますし、宇宙にも相談しています。

あなたも、日常のあらゆる場面で、宇宙に聞くという習慣を持つと、もっとスムーズに自分の進むべき方向性が見えてくるでしょう。

先日、私は大きな決断をしなければならないことがありました。その頃ちょうど、右足の親指の爪が剥がれるというアクシデントが起きたのです。すると、その姿を見た周りの人たちが私を心配し、「今からあなたがやろうとしていることに対して、爪を剥がすことによって、宇宙がストップをかけているのではないか？」とやろうとしていることを止めてきたのです。

確かに、そういう考え方もあるなと思ったのですが、そんなときもパソコンを開き、宇宙に聞いていました。

「宇宙さんへ、私の足の爪が剥がれたのは、今からやろうとしていることをやめておけというサインなのでしょうか？」と私が聞くと、「そうではない、少し体を休めよ。ますます好きなことをやれ。やろうとしていることを進めるのは問題ない……」と答えてくれたのです。実際には、もっとたくさんのアドバイスをくれました！

そこで、私は周りの人の意見は参考にしつつも、宇宙の声を優先して「やる」と決断しました。すると、その直後にずっとやりたくて憧れていた仕事が舞い込んできたのです！　決断したことで、流れが大きく動き出しました。

あなたも、もし今迷っていることがあるのなら、宇宙に聞いてみましょう。どんな些細な質問でもいいですし、広大な質問でも大丈夫です。まずは、コンタクトをとってみること。そして、感じたことを少しでも受け取ること。そこからスタートです。

宇宙はたくさんの情報を持っていて、あなたをいつも上から見守ってくれているのです。宇宙とつながるためにも、自分自身とつながることを強化し、日々、宇宙と対話する習慣を持ちましょう。

第7章
宇宙のパイプとなって愛を循環させよう

1　あなたは宇宙のパイプ

★宇宙はあなたに必要な能力と情報を与えている

宇宙は、あなたに必要なものを与えています。能力も、情報も、人生を通して必要なものをあなたに与えてくれているのです。

それに気づいて、どう活用するかはあなた自身にかかっています。

必要なものを与えられているのに、自分に意識を向けずに、周りの人ばかりに意識を向けてしまっては、本当に大事なものを見逃してしまいます。

でも、もしあなたが今自分を見失っていたとしても、大丈夫です。周りの人に向けていた意識を自分に戻していけば、自分というものが少しずつわかっていくでしょう。

自分の中に意識を向け、自分の中にやってくる数々のサインやメッセージをキャッチできるようになると、まっすぐと自分のやりたいことを歩んでいけるようになります。もちろん、ときには悩んでもいいのです。悩んで迷うことによって、本当の自分と出会うことができるのですから。

私もたくさん迷い、たくさん寄り道しましたが、それが結局は、自分の人生の必要な出来事であり、最短ルートだったと感じています。

その道の途中で体験したこと一つひとつを大切な学びと気づきに変えていったことで、自分の人生のステージが少しずつ変わっていきました。何より、毎日がとても幸せに過ごせるようになりました。

あなたももうすでに、あなたの人生に必要な道を歩んできています。そして、あなたが今世やるべきことに必要な能力や仲間たち、情報は与えられています。今あるところをしっかりと見つめることで、さらに能力は磨かれ、新たな応援者も現れ、もっとあなたの魂を刺激するような情報にも出逢えることでしょう。

★宇宙はあなたの能力を使って地球に愛を循環している

宇宙は、あなたに今世必要な能力を与えています。それをどう活かしていくかはあなた次第。見過ごして一生を終えることもできてしまうのです。

あなたに与えられた能力は、使うことであなたの魂も最高の喜びを感じられるようになるでしょう。宇宙も最大限の応援のエネルギーを注いでくれます。

すべての人が、同じ能力を授かるわけではありません。一人ひとりがそれぞれに必要な能力を与えられています。その能力を最大限に使っていくことが、今世の一番のミッションと言ってよいでしょう。

ときには、自分にとって当たり前の感覚で、それが授けられた能力だったのだと後から気づくこともあるでしょう。

そして、自分が今とてもこわいと感じていることもあなたに与えられた大切な能力です。もし、あなたの人生に必要のないものなら、「こわい」とも感じない無関心な状態になるはずです。

あなたにとって、得意なことは何ですか？
宇宙から能力が与えられているとしたら、それは何だと思いますか？
自分にとって当たり前だけど、人から褒められるものは何ですか？
「こわい」と感じるものは何でしょうか？

それらが、宇宙からあなたに与えられた能力なのです。

宇宙は、あなたの能力が地球に循環されるのを待っています。
あなた自身がワクワクすること、得意なことを行動すると、あなたのエネルギーはますます輝くでしょう。そのキラキラとした輝きを地球は待ちわびています。そのエネルギーこそが愛のエネルギーであり、もしそれが自分自身のために行動したことでも、そのキラキラの魂の輝きと力強いエネルギーは、愛のエネルギーとなり地球に還元されていくのです。

だから、最初は、自分中心で動いていってかまいません。たった一人のワクワクのエネルギーであっても、それは愛のエネルギーとして循環していくのです。

私たちは、宇宙のパイプです。

あなたの能力を使って、地球がさらに輝いていくのです。自分の能力を過小評価したり、能力を出し惜しみするのはやめましょう。

あなたに授けられた能力を使って、幸せな世界を共に創っていきましょう。

2 宇宙はあなたを通して何を伝えようとしている？

★宇宙とつながってアウトプットするアファメーション

私たちが表現するとき、何かを行動するとき、そこには宇宙の意志も介入していま す。なので、私はいつも自分がアウトプットするときに、自分と宇宙にこう聞くようにしています。

「宇宙は、私を通して何を表現しようとしているのか？」

宇宙はあなたを通して、地球に何を伝えたいと思っているのでしょうか？
あなたが今行動しようとしていることすべてが１ミリのくるいもなく采配されてい

ます。

あなたが今やっている仕事、子育て、友達とのおしゃべり、趣味、ワクワクすることと、すべてが宇宙からの采配であり、それをすることで、宇宙からの愛を地球に還元しているのです。


少し視点を変えてみるだけで、今あるすべてのことが、とても大切なことだと感じられるようになるでしょう。

「宇宙は、私を通して何を表現しようとしているのか？」

「宇宙は、私に何をして欲しいと思っているのか？」


これをいつも自分自身に問いかけるとよいでしょう。

私は何か行動するときに必ず自分自身に問いかけています。

そして、「私は宇宙とつながって、愛を循環させていきます」と唱えるとよいでしょう。

あなたがそう宣言すると、宇宙がたくさんの応援のエネルギーを注いでくれるはずです。

★こんなちっぽけな自分が……と思ったときは

自分が何かを表現するとき、「こんなちっぽけな自分に何ができるんだろう？」と悩んだことはありませんか？

そのときは、「いや、私は**宇宙のパイプ役。宇宙とつながって愛を循環します**」と言い換えるとよいでしょう。

「自分が、自分が…」というふうに、自我が強く出てしまうときこそ、「こんな自分にはできない」と感じてしまいます。

そんなときは、リラックスし、自分という感覚を解き放って、宇宙からのエネルギーを流すパイプ役に徹しましょう。

実際に宇宙からのエネルギーが自分に流れ込んできているところを想像するとよい

でしょう。青い美しい光のエネルギーが、あなたの頭上から入り、あなたが喋ったり、創ったりする表現を通して、その宇宙のエネルギーが周りの人へ循環していくところをイメージしましょう。

そして、宇宙との一体感を十分に味わいましょう。

あなたは、たった一人で表現しているわけではありません。宇宙とあなたはつながっていて、共に表現しているのです。

そう思って、勇気を出して歩んでいきましょう！

3　宇宙のパイプとして大切なこと

★準備をしたら、流れは宇宙に委ねよう

宇宙のパイプが太くなるように、自分の能力を磨いていきましょう。

パイプが太くなると、宇宙からさらにたくさんのエネルギーがやってくるようになります。

すると、感覚の鋭い人には、光の柱が頭上から伸びているのを感じたり、またはオーラがキラキラと輝いて、大きく光を放つので、いつも以上に輝いているあなたを感じたりする人もいるでしょう。


あなたは、宇宙からのパイプ役ですが、あなた自身の事前準備はとても大切です。

それが、パイプを太くするための行動になります。

すべてを宇宙任せにするのではなく、しっかりと準備をしておくことが大切です。やるべきことをやった上で、あとは宇宙の流れに身を任せましょう。

しっかりと準備しておいても、予期せぬ流れがやってくることもあります。

例えば、人前で話しているときに、話そうと思って準備していたことを飛び越えて、口が勝手にしゃべり出すことがあります。その場合には、自然な流れに身を任せましょう。いわゆる、宇宙から降りてきているという状態なのです。

私も講演会ではよくあります。こう話そうと思っていたことを飛び越えて、私以外の誰かがしゃべり出すような感覚が起きるときがあります。受講生さんがいうには、声のトーンが少し変わり、目の色まで変わるそうです。そのときに出てくる話は、やはりとても感動的なものになります。宇宙がそう仕向けているからです。そのとき、目の前の人たちに必要なメッセージを宇宙が与えてくれるのです。

あなたも、しっかりと準備した上で、その先は宇宙の流れに身をゆだねましょう。それが、**宇宙とあなたとの共同作業**となって、素晴らしいものが還元されていくでしょう。

★ドキドキ緊張は、宇宙からの応援のエネルギー！

何かをやろうとするとき、ドキドキ緊張しませんか？

きっと緊張を感じたことのない人はいないでしょう。

私はもともとあがり症で、ほんの数年前までは人前で何かをするのに対して極度な緊張状態になり、内臓が飛び出そうに感じ、声が震えて数人の前で自己紹介をするのもやっとな状態でした。

そんな緊張を何とかして止められないかなと試行錯誤した時期があったのですが、緊張を鎮めようとすればするほど、さらに緊張状態がひどくなってしまう始末。そんなとき、「この緊張すら受け入れよう」と思ったら、不思議と過度な緊張はおさまり、ドキドキはするけど状況を楽しめるようになっていきました。

緊張を受け入れるきっかけとなったのが、この**緊張こそ、宇宙からのエネルギーが大量に流れ込んできている証**だと気づいたことでした。**感情は、宇宙からのエネルギー反応によって起きています。**それは、宇宙がそっちに進むといいよというサインを送ってきているから、ワクワクしたりやりたいと思ったりするのです。

その超強烈な状態がドキドキ緊張することです。私はよく、「こわいはGOサイン」、こわいことはやりましょうと言っていますが、その「こわい」や「ドキドキ」緊張というのは、宇宙からのたくさんのエネルギーが降りてきているからなのです。つまり、宇宙からたくさん応援されているということです。

それに気づいてからは、緊張してもいいんだ！　宇宙からの応援がたくさんきているから、そのエネルギー反応でこんなにもドキドキするんだ！　これは、自分がやりたいことなんだ！　と受け入れるようになりました。

今ではたくさんの人の前でお話ししていますが、人が多ければ多いほど、ワクワク楽しめるようになっていきました。

緊張してもいいし、この緊張感はとても大切なことなんだと受け入れました。

むしろ、緊張しなくなって、どうでもいいやと感じるようになると、そのもの自体に飽きてきているというサインでしょう。

あなたも緊張でドキドキが止まらないときは、これは宇宙からのたくさん応援のエネルギーがきているんだと感じるようにすると、心強く進んでいけるでしょう。

緊張するときは、緊張しなくてすむように、お決まりの何かを準備しておくのもオススメです。

例えば、最初にいつもの自己紹介で話をスタートする、これを持っておくと緊張が和らぐなど、自分にとってほっとするアイテムや、ほっとする流れを作っておくと緊張しながらもうまく流れに乗って進んでいけるでしょう。

途中からはきっと、宇宙があなたの中に入って語り始めるので、流暢に話せるようになるでしょう。

4 愛のエネルギーを広げて世界を平和に

★たった一人でもハートに響くなら、それは平和につながる

あなたが何かを表現するとき、ワクワクすることを選択しましょう。そのワクワクのエネルギーが、その表現に触れたときにその人にも伝染していきます。

私がまだ作家デビューをする前に、宇宙セミナーを開催して全国を回っていた頃、受講生さんがたった一人だけだったことがありました。それでも全然嫌だと思わなかったですし、恥ずかしいと感じることもありませんでした。この目の前にいるたった一人の人が、宇宙の神秘を知ってその人の日常が変化していったら、その人の周りの人にも波及するなとイメージして、とてもワクワクしていました。たった一人だけか

と捉えずに、その先のエネルギーの広がりも感じていたのです。
もし、たった一人でもその人にとっての何か気づきになったり、癒しになったりするなら、それはとても素晴らしいことなのです！

あなたが今やろうとしていることの先で、誰かのハートに何かが響いたのなら、その感動は必ずその周りの人にも波及していくのです。あなた自身の家族や大切な人にも波及していきます。

ブログでも、仕事でも、挨拶一つでも。誰かのハートに響いたなら、それは愛ある平和活動なのです。

決して、行動の大小だけで考えないようにしましょう。
私はこんなことしかできない、あの人はいろいろとできているのに……というふうに、目に見える形だけでとらえるのではなく、その先のエネルギーの広がりに意識を向けていきましょう。

大きなことを成し遂げなくとも、目の前の人を大切にする、それだけであなたは平和に貢献していることになります。
私はそんな思いで、この本が必要な人のハートに届くよう願いながら執筆しています。

★愛のエネルギー平和活動

あなたは、あなたがワクワクする形で、表現していきましょう。
今の世の中は、たくさんの人に表現の場が与えられています。有名人でなくとも、YouTubeなどで自分のチャンネルが持てる時代です。自分のメディアが持てるのです。その他、表現の場はあちこちに溢れています。

人は、表現する欲求を持っています。

だから、うまく表現できないと悩むし、自分って何なんだろうと苦しくなるのです。

表現したくないなら、そんなことに悩むこともありません。

できないと思うのは、できるようになりたいからです。

自分のできる範囲で少しずつアウトプットしてみましょう。本で学んだことを友人に話してもいいし、職場で実践してみるのもいいでしょう。

趣味や好きなことは思いっきり楽しみましょう。その思いっきり楽しんでいるワクワクのエネルギーが愛の循環となり、たくさんの人に届いていきます。

活動自体が個人レベルのものであっても、あなたから発せられたワクワクのエネルギーは、たくさんの人に愛のエネルギーとして届いていくのです。

だから、あなたがワクワクすることを、あなたがワクワクする形でどんどんやりましょう。それは、目には見えなくとも、**愛のエネルギーの平和活動**となっていくのです。

5 あなたが宇宙そのもの

★セルフイメージが宇宙を創り出す

あなたは、あなた自身をどんなふうに感じていますか？

こんなちっぽけな私にはできない
私には何も能力がない

もし、そんなふうに思っているとしたら、眠っているあなたの潜在能力はなかなか開花しないでしょう。

私は素晴らしい！
私は宇宙である
私は自分の能力を最大限発揮できる
そう感じているのだとしたら、それが現実のものとなるでしょう。

宇宙はあなた自身です。あなたのセルフイメージが、あなたが体験する宇宙となります。

「宇宙は素晴らしい、みんなも無限の可能性を持っている！　でも、私は無理……」そんなふうに思っている人は、意外にも多いのです。するとと、宇宙は素晴らしく、みんなもどんどん成長していくけど、自分には変化が起きずに悶々と過ごす日々が与えられてしまいます。

そんなときは、言い換えましょう！

私は素晴らしい！

私は宇宙！　みんなも宇宙！
私は宇宙から応援されている！
私は宇宙から愛されている！
私は宇宙。無限の可能性を持っている！

自分の能力を開いていくのは、他でもない、あなた自身です。

私も自分に自信がなかった頃、「こんな私に何ができるの？」「私なんてどうせ……」と思っていましたが、その口癖をやめ、「私は素晴らしい！」「私は宇宙！」という口癖に変えていきました。

すると本当に自分の眠っていた能力が少しずつ開けていったのです。

気づいたら、地方の教員から、作家への道が実現していました。

あなたのセルフイメージは書き換えられます。

自分は宇宙と唱えながら、実際に行動していきましょう。

★あなたがあなたらしく生きることで宇宙も魂も喜ぶ

あなたがあなたらしく生きること、それだけで宇宙も魂も喜びます。

そして、あなたの能力が発揮されると、あなた自身が人生にとても充実感を感じられるでしょう。

あなたの能力は、あなたとして生きるときに発揮されます。

誰かの成功パターンを真似して苦しくなるよりも、自分にもっと注目して、自分らしく生きていける研究を進めるとよいでしょう。

私がお伝えした方法も、あなた自身の心地よい形にアレンジしていくとよいでしょう。

自分の感覚を大事にしながら生きてこそ、あなたの感性、あなたの能力が磨かれていきます。

あなたがあなたとして生きるとき、宇宙が喜び、たくさんのエネルギーを注いでくれます。そして、あなたの周りの大切な人たちも、応援してくれるでしょう。

たとえ、反対されても突き進んでかまいません。あなたのために与えられた一生ですから。

反対してきた人も、魂の部分ではあなたを応援しています。

私も人に反対されることは多々ありました。それでも自分を信じ、好きなことを選択してきた結果、自分の生きたい人生が歩めるようになりました。

気づくと、反対してきた人たちも、今では私の生き方を認め、応援してくれています。

皆さんが、それぞれ自分らしく能力を発揮して生きられたなら、素晴らしいエネルギーの循環が生まれ、幸せになる人たちがますます増えていくでしょう。

どうか、一度きりの人生、あなたの能力を思いっきり活かして、最高の一生となりますよう、祈っております！

あなたの魂が最高に喜ぶ一生となりますように！

★エピローグ

最後までお読みいただきありがとうございます。

ご自分の可能性を感じながら、ワクワク読み進めていただけましたか？

ぜひとも、ピンときたものは積極的に日常に取り入れていってくださいね。あなたの眠っていた潜在能力が開花し、毎日がもっとエネルギーに満ち溢れた状態で過ごせるようになるでしょう！

今回は、とても忙しいスケジュールの中、他の原稿も並行して書き進めながら、本書を執筆することとなりました。きっと、自分の中の宇宙を呼び醒ますことをテーマにしたので、ハイスピードにアウトプットする環境が宇宙から与えられたのでしょう。皆さんが日常で感じている悩みを私もリアルに感じながらの執筆となりました。

私自身、本書でお伝えしていることを活用しながら、ハイスピードで原稿を降ろし、皆さんに喜んでいただける内容になるよう愛のエネルギーを込めて執筆することに全力を注ぎました。

文中にも書きましたが、多忙なスケジュールだったにもかかわらず、降りてくる感覚がとてもＬｉｇｈｔで、まるでピアノを弾いているかのようにタイピングして楽しく執筆することができました。

私が自分の能力を研究し始めたのは、10年ほど前です。ちょうどその頃、ヘレン・ケラーとのエピソードが書かれたサリバン先生の日記を読み、とても感銘を受けたことをエピローグを書きながら、ふと思い出したのでご紹介しますね。

ヘレン・ケラーは、１歳８ヶ月で聴力と視力を失い、サリバン先生と出会う満７歳になる３ヶ月前まで、彼女はなんの教育も受けずに過ごしていました。自分の思いがうまく伝えられなかったヘレンは、サリバン先生と出会うまでの5年間、とても苦しい毎日を過ごすのですが、サリバン先生と出会い、そして、初めて「water」という単語を覚えたのでした。いくつもの単語を教えても、それが物の名前だと理解できなかったヘレンでしたが、彼女は溢れ出る井戸の水とともに「water」という単語を指文字で教えられたとき、彼女の潜在意識から「water」という単語が突然つながるのです！　それは、彼女が聴力を失う直前に覚えた、唯一の単語だったのです。そこからものすごい欲求で多くのことを学び、彼女は現在のハーバード大学となる学校を卒業します。

その詳しい様子を私は大人になってから、サリバン先生の日記で知り、号泣するほどに感銘を受けたのでした。

私は、ずっと自分の能力を十分に発揮できなかった過去を悔やんで生きてきました。そして、一般的には、「幼少期の教育が大事で、何においても少しでも早くやっていないと習得できない」というふうに言われていたからです。大人になった自分には、何もできないのではないかとあきらめかけてきました。でも、どうにかできないかと自分の能力を研究する頃に、ヘレンのことを知り、「ああ、私もここから自分の能力を取り戻せるのだ！　そして、失われた時間が、逆に大きな学びの欲求となり、爆発的に吸収していくことができるのだ！」と感じ、とても勇気づけられたのです。

私もそこから、自分の過去を埋めるかのように、たくさんの本を読み、自分なりに研究を進めてきました。それが、まさか一冊の本になるとは！　とても感慨深いです。

皆さんも、自分の能力を今から十分に発揮することができます！　毎日の意識の使い方と過ごし方一つで大きく変化していきます。

もうこの歳だから、とあきらめてはもったいないです。

私自身、10代や20代の頃よりも今の方がずっと自分の能力を開花できていると感じています。

もし、本当はやりたいと思うことがあるなら、今からでも絶対に遅くないということを、声を大にして伝えたいです！

そして、ほとんどの場合、生まれ持った能力の差ではなく、どう潜在意識を活用したかが重要なのです。自分の何%を稼働させたかということです！　それが宇宙とつながる最大のポイントなのです。

ピンときた人は、ぜひ本書を繰り返し読んで、実践していただけたら幸いです。あなたの魂がますます喜びに満ち溢れますよう、願っています。

最後に、本書を作るにあたり、きっかけを与えてくださった時奈津子さん、過密スケジュールの中、優しく見守り、愛をもって編集してくださった須田公子さん、デザイナーさん、総合法令出版の皆さまに心から感謝申し上げます。

読者の皆さま、すべての方へ、宇宙いっぱいの愛を込めて。

２０１７年11月
Lily Wisteria

◆著者紹介◆

Lily Wisteria（リリー・ウィステリア）

アーティスト、作家。25 歳の時に突然遭遇した心霊現象をきっかけに、精神世界に目覚める。

特別支援学校の教員をしながら、エネルギーで交流する波動コミュニケーション術を確立。

2014 年より、宇宙のしくみをシンプルに伝える「宇宙セミナー」を全国で開催。無料メールマガジン「宇宙の秘密 365」を配信。

2016 年自分とつながり宇宙の仕組みを学ぶ「Lily 塾」を開設。わかりやすく、実践的な方法で人気を集め、セミナーは即時満席になるほどの人気カリスマ講師になる。

セッションでは、相談者の魂やエネルギーにアクセスし、魂のミッションを読み解いていく方法が注目されている。著書に『読むだけで 宇宙とつながる自分とつながる』『宇宙とつながる自分とつながる ダイアリー 2018』（以上 BAB ジャパン）、『ピッと宇宙につながる 最強の叶え方』（永岡書店）、『ピッと宇宙エネルギーにつながる方法 アクセスひとつで人生が輝く！』（リンダパブリッシャーズ）がある。

装丁デザイン／小口翔平＋山之口正和（tobufune）
本文デザイン／飯富杏奈＋磯辺奈美（Dogs Inc.）
イラスト／Lily Wisteria
DTP／横内俊彦

自分の中の宇宙を呼び醒ます方法

2017年12月1日　初版発行

著　者　Lily Wisteria（Starlight-Lily）
発行者　野村直克
発行所　総合法令出版株式会社
〒103-0001 東京都中央区日本橋小伝馬町15-18
ユニゾ小伝馬町ビル9階
電話　03-5623-5121
印刷・製本　中央精版印刷株式会社

ISBN 978-4-86280-588-1
総合法令出版ホームページ　http://www.horei.com/